Steuertipps für YouTuber, Blogger und Influencer

Thomas Siegel · Felix Siegel

Steuertipps für YouTuber, Blogger und Influencer

Die besten Strategien für Ihren Erfolg

Springer Gabler

Thomas Siegel
Steuerkanzlei Dr. Siegel
Zorneding, Deutschland

Felix Siegel
Ludwig-Maximilians-Universität München
München, Deutschland

ISBN 978-3-658-30501-7 ISBN 978-3-658-30502-4 (eBook)
https://doi.org/10.1007/978-3-658-30502-4

Die Deutsche Nationalbibliothek verzeichnet diese Publikation in der Deutschen Nationalbibliografie; detaillierte bibliografische Daten sind im Internet über http://dnb.d-nb.de abrufbar.

Springer Gabler

Redaktion: Niklas Schaab, ABC MEDIENAGENTUR, Waldstr. 3, 86199 Augsburg
Coverbild & Graphiken: Astrid van Kimmenade

Springer Gabler ist ein Imprint der eingetragenen Gesellschaft Springer Fachmedien Wiesbaden GmbH und ist ein Teil von Springer Nature.
Die Anschrift der Gesellschaft ist: Abraham-Lincoln-Str. 46, 65189 Wiesbaden, Germany

Vorwort

Was ist ein „Influencer“? Einfach gesagt: alle, die auf Facebook, YouTube, Instagram, Pinterest, Twitter, TikTok, XING und LinkedIn viel Aufmerksamkeit erregen oder mit einem eigenen Blog oder einer Webseite viele Fans gewinnen. Und was ist das Großartigste daran? Jeder, wirklich jeder hat die Chance, ein Influencer zu werden! Dafür braucht es nur etwas technische Ausrüstung, die heutzutage eh fast jeder zuhause hat, und Inhalte, die viele Menschen sehen, hören oder lesen wollen.

Letztlich sind „Beeinflusser“ (so die wörtliche Übersetzung) kein neues Phänomen. So war es früher ein großes Privileg, sich als „Hoflieferant“ bezeichnen zu dürfen. Der Influencer, der für die Qualität der Waren und Dienstleistungen einstand, war in diesem Fall der König oder die Königin. Der Wert der Auszeichnung „Hoflieferant“ hing damit auch vom Ansehen des Herrschers ab.

Im 20. Jahrhundert galt ähnliches für Hollywood-Stars sowie besonders charismatische und erfolgreiche Musiker und Sportler, die sich öffentlich mit bestimmter Kleidung, bestimmten Uhren oder bestimmten Autos sehen ließen und dafür Vorteile genossen.

Heute steht der Weg ins Rampenlicht für jedermann offen. Über das Internet und insbesondere die sozialen Medien kann jeder sich seine eigene Öffentlichkeit aufbauen, um ein Star zu werden … und damit Geld zu verdienen.

Viele können sich noch immer nicht vorstellen, welchen wirtschaftlichen Wert Videos, Podcasts oder Blogbeiträge besitzen. Das liegt unter anderem daran, dass die meisten Influencer selbst als Fans anfangen, als Menschen, die ihre ganz persönliche Leidenschaft und Begeisterung für ein Thema mit anderen teilen wollen. Wenn die Bekanntheit steigt und sich plötzlich Möglichkeiten ergeben, mit dieser Leidenschaft auch Geld zu verdienen, erwischt dies so manchen Influencer „auf dem linken Fuß“.

Genau hier setzt unser Buch an: Wir wollen all jenen helfen, die dabei sind, ihr Hobby in ein Business zu verwandeln. Denn eins ist klar: Sobald Geld im Spiel ist, ja sogar wenn einfach nur etwas umsonst genutzt oder zur Verfügung gestellt wird, muss ein Influencer sich mit dem Thema Steuern auseinandersetzen.

Vorab noch ein paar Worte zu uns, den Autoren:

Prof. Dr. Thomas Siegel:

> „Ich leite seit 1998 eine Steuerkanzlei mit rund 30 Mitarbeitern, die ich von meinem Vater gekauft habe. Außerdem bin ich Dozent im Studiengang Medien- und Kommunikationsmanagement an der Mediadesign Hochschule in München. Zu den Studenten gehören viele Influencer, die ich auf ihrem Weg begleiten durfte. Promoviert habe ich übrigens zum Thema „Einfluss von Beratung auf den Erfolg von Existenzgründern“. Dazu passen auch meine beruflichen Schwerpunkte: Ich berate Existenzgründer und kenne mich besonders gut in Betriebswirtschaft und internationalem Steuerrecht aus.“

Felix Siegel:

> „Ich bin der Sohn von Thomas und habe schon in jungen Jahren viel in der Steuerkanzlei meines Vaters mitgeholfen. Inzwischen habe ich einen Bachelor of Science gemacht und bin als wissenschaftlicher Mitarbeiter und Doktorand im Institut für Betriebswirtschaftliche Steuerlehre an der LMU in München tätig.“

Gemeinsam bringen wir also viel Wissen und auch jede Menge Erfahrung mit Steuern, Steuerrecht und Unternehmensformen mit. Und wir wissen: Influencer in diesen Themen zu beraten, kann eine echte Herausforderung sein! Mit diesem Buch möchten wir die häufigsten Fragen beantworten, mögliche Probleme ansprechen und Lösungswege aufzeigen.

Bayern, Deutschland

Thomas Siegel
Felix Siegel

Inhaltsverzeichnis

Einleitung 1

Zusammenfassung

Thema dieses Buches sind die Besonderheiten, die Influencer bei der Versteuerung ihrer Einkünfte und Ausgaben beachten müssen. Aber welche Bedeutung haben Influencer für die heutige Wirtschaft? Kann man damit überhaupt Geld verdienen? In dem ersten Kapitel geben wir Antworten auf diese Fragen. Zudem bringen wir einige Beispiele für Influencer-Karrieren und fassen die fünf wichtigsten Tipps für Influencer zusammen, die gerade anfangen, mit ihrer Tätigkeit Geld zu verdienen.

1.1 Influencer – wirtschaftliche Dimension

Influencer und Influencer-Marketing sind längst ihren Kinderschuhen entwachsen. Es handelt sich inzwischen um einen rasant wachsenden Markt, in dem der Umsatz allein in der DACH-Region in Milliarden gemessen werden muss. Eine Studie von PwC aus dem Jahr 2018 ergab, dass fast 30 Prozent aller Befragten bereits Produkte aufgrund von Influencer-Empfehlungen gekauft haben. Unter den 16- bis 19-Jährigen waren es sogar 60 Prozent!

Kein Wunder also, dass auch die Mehrheit unter den Marketingexperten gezielt Influencer-Marketing nutzt. Viele von ihnen haben bereits einen festen Beauftrag-

T. Siegel, F. Siegel, *Steuertipps für YouTuber, Blogger und Influencer*, https://doi.org/10.1007/978-3-658-30502-4_1

ten für diesen Bereich. Es gibt auch schon einen eigenen Bundesverband für Influencer-Marketing. Spezialisierte Agenturen und Plattformen verwalten ganze Netzwerke von Influencern und stellen Kontakt zu Unternehmen her, um deren Einflussmöglichkeiten professionell zu nutzen. In Deutschland gibt es zum Beispiel Buzzbird, eine Mischung aus Plattform und Agentur, die von Andreas Türck gegründet wurde. Und bei OpenInfluence finden Unternehmen eine einfach zu durchsuchende Datenbank mit unglaublichen 500.000 Influencern weltweit!

Daraus kann leicht abgelesen werden, dass Influencer längst keine skurrilen Einzelfälle mehr sind. Tatsächlich ist es inzwischen nötig, verschiedene Arten von Influencern voneinander zu unterscheiden. Auf magazinmedien.de werden sie zum Beispiel in Mega-, Makro-, Mikro- und Nano-Influencer eingeteilt, wobei zur Unterscheidung die Anzahl der Follower herangezogen wird:

- Mega-Influencer: mehrere Millionen Follower
- Makro-Influencer: Follower im sechs- bis siebenstelligen Bereich
- Mikro-Influencer: Follower in vier- bis fünfstelligen Bereich
- Nano-Influencer: wenige Follower, aber hohe Autorität und Glaubwürdigkeit in bestimmten sozialen Gruppen

Im Bericht wird allerdings auch deutlich gemacht, dass die Anzahl der Follower nicht unbedingt das wichtigste Kriterium ist. Der Einfluss auf den Einzelnen sinkt, wenn ein Beitrag nicht von einer überschaubaren Gruppe, sondern von Hunderttausenden oder gar Millionen gelesen wird. Persönliche Interaktion kann ein einzelner Influencer ab einem bestimmten Punkt nicht mehr aufrecht erhalten. Zudem lassen sich Follower auch relativ einfach kaufen, um damit eine Reichweite vorzutäuschen, die gar nicht vorhanden ist.

Somit besteht ein weiterer entscheidender Faktor für die Bedeutung von Influencern im Engagement ihrer Follower. Oft gilt hier der Leitsatz: Weniger ist mehr! Viele fühlen sich Influencern besonders eng verbunden, weil es eben keine Stars sind, sondern ganz normale Leute wie du und ich, die man für ehrlich hält, denen man vertraut und mit denen man direkt und ungezwungen interagieren kann. So kann eine eingeschworene Gemeinschaft von 1000 Followern, die sich intensiv über Themen austauschen, mehr wert sein als 100.000 und mehr Follower, die größtenteils passiv bleiben. Auch das Thema, über das der Influencer berichtet, spielt eine entscheidende Rolle für die Möglichkeiten, als Influencer Einnahmen zu erzielen.

Letztlich kann jeder Influencer nur als individueller Fall betrachtet werden. Bei den meisten von ihnen stehen am Anfang ein großes Interesse, Leidenschaft oder

Begeisterung im Vordergrund. Finanzielle Faktoren kommen eher nachträglich und oft auch zufällig mit ins Spiel.

1.2 Beispiele für Influencer

Wir möchten anhand einiger Beispiele verdeutlichen, wie unterschiedlich die Karrieren von Influencern aussehen.

Beispiel 1: Versuch, in kurzer Zeit geplant Influencer zu werden

Verena Fücker ist Reporterin. Auf Instagram postet sie mehrmals täglich Bilder, die sie vorher bearbeitet. Sie hat bereits 640 Follower, als sie sich zum Ziel setzt, innerhalb von 30 Tagen auf mindestens 1000 Follower zu kommen und ihr erstes Geld auf der Plattform zu verdienen. Über dieses Experiment berichtet sie am 02.09.2018 auf Deutschlandfunk Kultur.

Ihre Erfahrungen: Inszenierte Bilder steigern die Anzahl der Follower nur begrenzt, irritieren aber Freunde und Arbeitskollegen, die sie so nicht kennen. Um die Reichweite zu steigern, klickt Verena bei vielen anderen Bildern auf „Like", bis sie deswegen von Instagram gesperrt wird. Die Anzahl der Follower steigt trotzdem kaum an.

Schließlich kauft Verena bei einer Firma für 15 Euro 1000 Follower, was allerdings sofort auffällt, da die Likes unter ihren Bildern gleich hoch bleiben. Durch Freunde kommt es zu einer Kooperation mit einem Hersteller von Armbändern. Die Bezahlung: Sie erhält zu einem gekauften Armband gratis ein zweites Armband dazu. Verenas Fazit: Es braucht viel Arbeit und viel Zeit, um Influencer zu werden … und man setzt dabei echte Freundschaften aufs Spiel. ◀

Beispiel 2: Beispiel für eine Mikro-Influencerin

Sonja Alefi, Mutter von drei Kindern, betreibt den Blog littletravelsociety.de mit 5000 Followern. Auf dem Blog stellt sie Hotels vor und beurteilt dabei insbesondere deren Kinderfreundlichkeit. Sie arbeitet mit Marketingagenturen und Hotels zusammen. Die geringe Reichweite gleicht Sonja durch Spezialisierung, Authentizität und Glaubwürdigkeit aus. Sie kennzeichnet bezahlte Beiträge, macht ihren Partnern aber auch deutlich, dass ihre Texte mehr wert sind, wenn sie nicht alles in den Himmel lobt, sondern bei einer ehrlichen Beschreibung ihrer Eindrücke bleibt. Sonjas Fazit: Beiträge von einem Influencer müssen einen Mehrwert bieten, wirken dann aber nachhaltig und viel positiver als klassische Werbung, die fast alle nur noch als nervig empfinden.

Wir beziehen uns hier auf einen Text von Julia Gundelach über Sonja Alefi und ihren Blog, der am 15.05.2017 auf dem Portal wuv.de erschien. ◀

Beispiel 3: Beispiel für einen Mikro-Influencer

Sebastian Fieber kommt aus dem Raum München und ist Hobbyfotograf. Auf Instagram postet er vor allem spektakuläre Landschaftsaufnahmen, die er auf seinen Reisen macht. Mit mehr als 14.000 Followern hat er sich ein regionales Netzwerk aufgebaut und konnte so z. B. mit einer lokalen Tourismusbehörde kooperieren. Trotzdem spielt das Geld für Sebastian keine Rolle: Er ist berufstätig und nutzt Instagram vor allem, um sein Hobby mit anderen zu teilen, um zu inspirieren und sich selbst inspirieren zu lassen.

Dies ist ein gutes Beispiel für viele Influencer, die Einfluss und auch eine gewisse Reichweite aufgebaut haben, sich aber nicht sonderlich dafür interessieren, damit auch Geld zu verdienen. Gleichzeitig muss Sebastian aufpassen, dass er Einnahmen oder Vorteile, die er durch die Kooperation mit der Tourismusbehörde erzielt, steuerlich korrekt abrechnet, auch wenn sie ihm persönlich nicht wichtig erscheinen.

Wer mehr über Sebastian Fieber erfahren will: Auf sueddeutsche.de gibt es zu ihm einen längeren Bericht von Annika Eder vom 21.05.2018 mit dem Titel „Das perfekte Bild", auf den wir uns auch hier beziehen. ◀

Beispiel 4: Beispiel für eine Influencer-Kampagne

Die Agentur PSM&W berichtet auf ihrer eigenen Webseite von einer Unboxing-Kampagne rund um das Produkt LOST KITTIES für Hasbro, den weltweit größten Hersteller von Spielen und Spielzeug. Dabei wurden Mikro-Influencer angesprochen, die 5000 bis 10.000 Follower aufwiesen und sich auf Spielzeug und Sammelfiguren spezialisiert hatten. Unboxing bedeutet: Videos dokumentieren die Freude beim Auspacken der Figuren. Für Alexander Scholz, der die Kampagne koordinierte, war vor allem wichtig, wie die Interaktion der Influencer mit ihren Followern lief. Die Anzahl der Follower war für ihn im Vergleich dazu weniger wichtig. Die Influencer erhielten in erster Linie Gratisprodukte.

Der Bericht verdeutlicht einerseits, wie wichtig der enge Kontakt zwischen Influencern und Followern für professionelles Marketing ist. Andererseits zeigt dieser Fall, dass Mikro-Influencer in bestimmten Themenbereichen trotz Kooperation mit großen Marken oft lediglich geldwerte Vorteile erhalten und zugleich wissen müssen, wie sie diese in ihrer Steuererklärung korrekt angeben. ◀

Beispiel 5: Erstes Beispiel für eine erfolgreiche Influencerin aus Deutschland

Caro Daur aus Deutschland ist Mode-Influencerin und hat über 2 Millionen Follower auf Instagram. Sie kooperiert mit unterschiedlichsten Firmen und Veranstaltern, reist viel und präsentiert dabei vor allem Kleidung, Schmuck, Kosmetik und Accessoires. In einem spannenden Interview mit Bianca Lang vom 06.07.2017 im Manager-Magazin gibt sie sich bodenständig und erzählt, dass sie schon früh gejobbt hat und zuhause noch immer in ihrem 15 Quadratmeter großen Kinderzimmer wohnt. Fast noch spannender sind allerdings die im Magazin aufgelisteten Fragen zu Finanzen, Firmenpartnern und der Kennzeichnung von Werbung, die Caro Daur nicht beantworten wollte. Anscheinend haben selbst die erfolgreichsten Influencer Probleme damit, Steuern und Finanzen so zu organisieren, dass sie offen darüber sprechen können. ◀

Beispiel 6: Zweites Beispiel für eine erfolgreiche Influencerin aus Deutschland

Bianca Claßen, alias Bibi, ist Deutschlands erfolgreichster weiblicher YouTube-Star. Fast 6 Millionen Abonnenten verfolgen ihre Schönheits-Tipps und Homestorys, die sie auf ihrem Kanal „BibisBeautyPalace" veröffentlicht. Ihre Fans sind zwischen 8 und 20 Jahren alt. Bibi hat eine eigene Körperpflegemarke, die in Drogeriemärkten von DM und Rossmann zu Verkaufsschlagern wurden, dazu kommen Werbeauftritte bei Branchenriesen wie Neckermann und Telekom. Ihre monatlichen Einnahmen kommen aus verschiedenen Quellen und werden vom Manager Magazin (Ausgabe 4/2017) auf mehr als 100.000 Euro im Monat geschätzt.

Ein gutes Beispiel dafür, wie weit Influencer es finanziell bringen können. Umso wichtiger ist es, die richtige Unternehmensform zu wählen und die verschiedenen Einnahmen und Ausgaben korrekt zu versteuern. ◀

Beispiel 7: Eine der erfolgreichsten Influencerinnen der Welt

Kylie Jenner ist die jüngste Selfmade-Milliardärin der Welt. Bekannt wurde sie schon in jungen Jahren durch die Fernseh-Show *Keeping up with the Kardashians.* Kylie machte Karriere als Model, startete ihre eigene Spin-off Serie *Life of Kylie* und gründete das Kosmetikunternehmen *Kylie Cosmetics.* Auch wenn in diesem Fall die Verbindung zu ihrer prominenten Familie und deren Fernseh-Show sicherlich ein wichtiger Faktor war: Grundlage für Kylies Erfolg sind ihre inzwischen mehr als 160 Millionen Follower auf Instagram. Dazu kommen fast

8 Millionen Abonnenten auf YouTube. So weit kann man es als Influencerin bringen! ◀

1.3 Was dieses Buch Ihnen bietet

Influencer rutschen in vielen Fällen ganz unverhofft in die Situation hinein, dass sie mit ihrer Tätigkeit auch etwas verdienen können. Zugleich stellt sich dieses Verdienen oft recht kompliziert dar: Das fängt bei gratis zur Verfügung gestellten Produkten und Dienstleistungen an und geht bis hin zu unterschiedlichsten Formen von Kooperationen und Auftragsarbeiten. Wenn dann noch im Ausland gearbeitet wird oder Zahlungen aus dem Ausland kommen, wird die Versteuerung des Einkommens schnell zu einer Herausforderung.

Mit diesem Buch möchten wir Influencern helfen, bei Steuern und Abgaben von Anfang an alles richtig zu machen. Neben Bloggern und Nutzern von Instagram, YouTube & Co. richten wir uns auch an verwandte Berufe: Klassische Models, Musiker, Fernsehmoderatoren und Journalisten verwenden heutzutage in den meisten Fällen ganz selbstverständlich auch soziale Medien, um ihre Inhalte zu verbreiten und Nebeneinkünfte zu erzielen. Für sie kann dieses Buch eine wichtige Hilfe sein. Nicht zuletzt möchten wir auch Steuerberater ansprechen, um ihnen einen Überblick darüber zu geben, was es bei dieser noch recht neuen Zielgruppe zu beachten gibt.

Wir haben die Erfahrung gemacht, dass bei den Einnahmen und Ausgaben von Influencern häufig Sonderfälle vorliegen. Allgemeine Regeln helfen da nicht weiter. Deshalb gehen wir in diesem Buch so oft wie möglich auf konkrete Fallbeispiele ein, die wir größtenteils bei der Betreuung von Studenten, bei der Beratung von Existenzgründern und bei der Steuerberatung selbst kennengelernt haben. Damit nicht auf reale Personen zurückgeschlossen werden kann, haben wir sowohl die Fallbeispiele selbst verändert als auch die realen Namen durch fiktive Vornamen ersetzt. Wie sagt man so schön? Ähnlichkeiten mit realen Personen sind rein zufällig!

Teilweise streift dieses Buch auch Themen rund um die Gründungsberatung. Denn oft stellt sich gerade für Mikro-Influencer die Frage, wie man seine Bekanntheit am besten nutzen kann oder ob das Erzielen von Einkünften überhaupt sinnvoll ist. Für die einen ist es ein Traum, das eigene Hobby zum Beruf zu machen, für andere kann dies Nachteile für die Lebensplanung oder die eigene Karriere bedeuten.

Wir liefern hier aber keine Anleitung für den Aufbau eines professionellen Influencer-Business: Dafür gibt es bessere, ausführlichere Ratgeber-Bücher. Wir erklären hier auch nicht en detail, wie man seine Steuererklärung komplett selbstständig ausfüllen kann. Wir wollen Influencern vielmehr helfen, Steuern und Abgaben bei Einnahmen und Ausgaben korrekt einzuordnen und die richtige Unternehmensform für ihr Business zu finden. Es geht uns um richtige Entscheidungen … gegebenenfalls auch die, sich einen Steuerberater zu leisten!

Deshalb starten wir hier mit einigen Tipps, die wir jedem Leser ans Herz legen.

1.4 Die 5 wichtigsten Finanzplanungs-Tipps für Influencer

1.4.1 Geld für zu bezahlende Steuern zurücklegen

So außergewöhnlich das Influencer-Dasein selbst sein mag: Für das Finanzamt ist es schlicht und einfach eine Tätigkeit mit Einkommen, auf das Steuern gezahlt werden müssen. Häufig empfinden Influencer zunächst pure Euphorie, wenn sie feststellen, dass ihre Herzensangelegenheit tatsächlich Geld einbringen kann. Sie geben das eingenommene Geld für private Zwecke oder betriebliche Ausstattung aus und begehen den Fehler, kein Geld für Steuern zurückzulegen. Das betrifft insbesondere Influencer, die für eine Kooperation auf einen Schlag eine große Summe erhalten, ohne zu wissen, ob in den folgenden Monaten weitere Einkünfte erzielt werden können.

Das böse Erwachen folgt, wenn man anfallende Steuern nicht zahlen kann. Das Finanzamt lässt sich seine Wartezeit mit teuren Strafzinsen (6 % pro Jahr!) bezahlen und pfändet im äußersten Fall Konten und anderen Besitz, um Steuerschulden einzutreiben. Mehr zu Steuern und allem, was es dabei zu beachten gilt, findet sich in Abschn. 2.1.

Beispiel: Überraschende Steuerschulden

Martin hat sich auf Landschaftsaufnahmen spezialisiert und dabei schon mit einigen Tourismusbehörden und Hotels zusammengearbeitet, für die er Posts erstellt hat. Durch seinen zunehmenden Erfolg ermutigt, kündigt er seinen Job bei einer Filmproduktionsfirma und will sich nun hauptberuflich auf seine Influencer-Tätigkeit stürzen. Schon im ersten Jahr verdient er durch Kooperationen einiges an Geld, das er direkt in noch von ihm benötigte Ausrüstung sowie in Reisen für das Fotografieren investiert. Aufgrund seiner hohen Ausgaben und den bereits von ihm geleisteten Einkommensteuervorauszahlungen geht er davon aus, keine hohe Steuerzahlung mehr leisten zu müssen.

Ende des folgenden Jahres kommt dann die Überraschung: Da Martin dem Finanzamt nicht glaubhaft vermitteln kann, dass Reisen und Equipment für seine berufliche Tätigkeit nötig waren, fällt die veranschlagte Steuerzahlung deutlich höher aus, als er erwartet hat. Martin kann zwar durch seinen Steuerberater einen Zahlungsaufschub verhandeln, muss aber ab einem bestimmten Zeitpunkt zusätzliche 0,5 % Zinsen pro Monat (6 % im Jahr) auf seine Steuerschulden zahlen. ◀

1.4.2 Private und geschäftliche Ausgaben sauber trennen

Influencer vermitteln oft den Eindruck, dass Posts und Videos direkt aus ihrem Privatleben kommen. Für die Steuererklärung macht es aber einen erheblichen Unterschied, ob eine Reise nach Mallorca ausschließlich für ein professionelles Fotoshooting erfolgte oder für private Erholungszwecke gemacht wurde. Tatsächlich können sich private und berufliche Tätigkeiten gerade bei Influencern schnell vermischen. Umso wichtiger ist die sorgfältige Trennung von privaten und geschäftlichen Ausgaben. Es empfiehlt sich, geschäftliche Ausgaben und ihre Verwendung in Tabellen akkurat festzuhalten und alle Belege/Quittungen zu sammeln und aufzuheben. Ab einem gewissen Zeitpunkt wird sogar eine organisierte Buchhaltung notwendig (siehe Kap. 3).

Beispiel: Trennung von geschäftlichen und privaten Ausgaben

Die Modebloggerin Monique bekommt das Angebot einer bekannten Bekleidungsfirma, auf einer Reise nach Südostasien Fotos von der neuen Sommerkollektion zu erstellen und damit auf ihrem Instagram-Profil Werbung zu machen. Für die Reise erhält sie einen festen Betrag von 30.000 Euro sowie die zu präsentierende Kleidung. Um Flug und Unterkünfte vor Ort muss sie sich selbst kümmern.

Monique ist begeistert von dem Angebot und reist zusammen mit ihrem Freund zwei Monate durch Thailand, Vietnam und Kambodscha, wobei sie immer wieder die vom Modelabel gewünschten Fotos erstellt, die sowohl beim Unternehmen als auch bei ihren Followern sehr gut ankommen.

Als sie dann im selben Jahr mithilfe einer Steuersoftware ihre Steuererklärung erstellt, ist ihr nicht mehr ganz klar, an wie vielen Tagen sie in diesem Urlaub gearbeitet und an welchen sie lediglich die Strände des Golfs von Thailand genossen hat. Auch die exakten Hotelkosten hat sie nicht mehr im Kopf. Schließlich teilt sie die gesamten Kosten der Reise einfach durch zwei und gibt die eine Hälfte als Betriebsausgabe in der Steuererklärung an. Zwei Monate später kommt die böse Überraschung: Das Finanzamt erkennt die Ausgaben insgesamt nicht als Betriebsausgabe an, da keine klare Trennung zwischen dem privaten und dem geschäftlichen Teil der Reise vorliegt. ◀

1.4.3 „Geschenke" sind auch Einkommen

So fängt es für viele Influencer an: Sie bekommen ein hochwertiges Produkt (z. B. ein Handy) kostenlos zugesendet und sollen im Gegenzug darüber berichten. „Toll!", denken sich viele – ein Handy umsonst! Das Handy ist aber nicht „umsonst": Es ist die Bezahlung für eine Werbe-Dienstleistung, die der Influencer liefern soll. Für das Finanzamt handelt es sich deshalb um einen Tausch: Das geschenkte Handy gilt als eine geldwerte Leistung, die als Einnahme bei der Steuererklärung angegeben werden muss! Mehr dazu im Abschn. 2.4.

Beispiel: Hohe Einnahmen durch geschenkte Hotelzimmerkosten

Im Beitrag „Auch das Finanzamt ist Follower" vom 23.07.2017 auf focus.de wird unter anderem ein Fall beschrieben, bei dem die weiter oben bereits erwähnte Influencerin Caro Daur von einem Hotel in Venedig ein Upgrade geschenkt bekommt: Sie darf in einem Hotelzimmer nächtigen, das sonst stolze 9100 Euro pro Nacht kostet. Dafür postet sie ein Bild von sich in besagtem Hotelzimmer und fügt einen „Tag" zum Hotel ein. Eigentlich muss sie diese geldwerte Leistung als Einkommen angeben. Unabhängig davon, ob Caro Daur dies tatsächlich getan hat, ist jedoch Tatsache: Viele Influencer tun dies nicht, obwohl sie solche Vorteile ja selbst öffentlich thematisieren und dokumentieren. Sie riskieren damit, den Tatbestand der Steuerhinterziehung zu erfüllen, was mit erheblichen Strafen verbunden sein kann. ◀

1.4.4 Influencer sollten ihre Tätigkeit wie ein Start-up behandeln

Eigentlich ist es ganz einfach: Wer die Absicht hat, mit einer Tätigkeit zum ersten Mal Geld zu verdienen, der gründet ein Start-up. Das Vertrackte: Meist passiert dieses Geld-verdienen bei Influencern eher schleichend und ungeplant. Umso wichtiger ist es, die eigene Tätigkeit neu zu überdenken, wenn damit ein Teil oder sogar der gesamte Lebensunterhalt verdient werden soll. Zunächst stellt sich dabei die Frage, ob es sich überhaupt lohnt: Oft kosten Kameraequipment, Kleidung für Shootings, professionelle Fotografen etc. sehr viel Geld. Um das wieder hereinzuholen, braucht es möglichst schon zu Beginn einige bezahlte Partnerschaften.

Wer es ernst meint, sollte deshalb einen Finanzplan oder einen kompletten Businessplan erstellen und darin auch Kosten für eine professionelle Beratung einkalkulieren, z. B. durch einen Steuerberater. Am Ende steht die Frage, wie viel eigene Arbeitszeit investiert werden muss, welche Einnahmen realistischerweise erzielt werden können und wie viel davon nach Abzug von Steuern und Ausgaben übrig bleibt. Start-up-Ratgeber und Webseiten liefern gute erste Infos für Existenzgründer, die helfen, Chancen und Risiken einzuschätzen.

1.4.5 Geld für die Rente oder schlechte Zeiten zurücklegen

Sparen? Total langweilig. Aber notwendig! Influencer gehören zu den Selbstständigen. Während Arbeitnehmer in der gesetzlichen Rentenversicherung pflichtversichert sind, müssen Influencer sich selbst um ihre Altersvorsorge kümmern. Es ist ratsam, damit schon in jungen Jahren anzufangen: Früh angespartes Geld bedeutet, dass ein solides Polster aufgebaut werden kann, auch wenn die Erträge in der aktuellen Niedrigzinsphase nicht sehr berauschend sind.

Influencer sind außerdem auf einem extrem schnelllebigen und oft unberechenbaren Markt unterwegs. Deshalb sollte auch für schlechte wirtschaftliche Zeiten Geld zurückgelegt werden, denn im Gegensatz zu Arbeitnehmern zahlen selbstständig tätige Influencer nicht in die Arbeitslosenversicherung ein. Wenn Einkünfte ausfallen oder Kooperationen auslaufen und nicht sofort etwas Neues herein kommt, muss ein Influencer eine solche Durststrecke mit eigenen Mitteln überstehen können. Mehr zu Altersvorsorge und Rentenversicherung in Kap. 4.2.18.

Beispiel: Nora und Mara – wer verdient mehr?

Nora und Mara sind seit dem Gymnasium beste Freundinnen. Nach der Schule studiert Nora zunächst, bricht aber nach einigen Semestern ihr Studium ab und hält sich als Model über Wasser. Sie bekommt Einblicke in die Modebranche und fängt an, Kooperationen mit Unternehmen einzugehen. Ihre Tätigkeit verlagert sich dabei immer mehr auf ihr Instagram-Profil: Für ihre Posts bekommt sie mit steigenden Followerzahlen gutes Geld.

Im Gegensatz dazu macht Mara eine Ausbildung zur Veranstaltungskauffrau und organisiert bei einer Agentur große Konzerte und Messen. Sie stellt sich sehr geschickt an und steigt schließlich zur Geschäftsführerin auf.

Als sich die beiden Freundinnen nach ein paar Jahren wieder treffen, vergleichen sie ihre finanzielle Situation. Sie stellen fest: Nora verdient mehr. Dafür weiß Mara, dass sie durch ihre Einzahlungen in die Rentenversicherung und ihre betriebliche Altersvorsorge bei Renteneintritt voraussichtlich 1500 Euro pro Monat erhalten wird. Beim Nachrechnen stellt Nora fest, dass sie sogar weniger als Mara verdient, wenn sie das nötige Geld für eine vergleichbare Altersvorsorge zurücklegt. ◀

Literatur

Bundesverband Digitale Wirtschaft e.V. (2018) Umfrage zur Nutzung von Influencer Marketing. https://www.pwc.de/de/handel-und-konsumguter/pwc-zwischen-entertainer-und-werber.pdf. Zugegriffen am 31.03.2020

Eder A (2018) Das perfekte Bild. Süddeutsche Zeitung vom 21.05.2018. https://www.sueddeutsche.de/muenchen/landkreismuenchen/meine-woche-das-perfekte-bild-1.3987371. Zugegriffen am 31.03.2020

Ewert L (2017) Auch das Finanzamt ist Follower. Focus Online Money. https://www.focus.de/finanzen/steuern/influencer-das-finanzamt-interessiert-sich-fuer-schleichwerbung_id_7382920.html. Zugegriffen am 31.03.2020

Fücker V (2018) Einflussreich in 30 Tagen. Deutschlandfunk Kultur. https://www.deutschlandfunkkultur.de/selbstversuch-bei-instagram-einflussreich-in-30-tagen.1076.de.html?dram:article_id=427055. Zugegriffen am 31.03.2020

Gundelach J (2017) Relevanz statt Masse – was Micro-Influencer so spannend macht. W&V. https://www.wuv.de/specials/influencer_marketing/relevanz_statt_masse_was_micro_influencer_so_spannend_macht. Zugegriffen am 31.03.2020

Kübler S (2018) Macro Influencer – Vorteile und Wichtigkeit für die Branche. Tubesights by HitchOn. https://tubesights.de/macro-influencer-vorteile-und-wichtigkeit-fuer-die-branche/. Zugegriffen am 31.03.2020

Lang B (2017) Die Daur-Werbesendung. Manager Magazin. https://www.manager-magazin.de/unternehmen/karriere/caro-daur-die-instagram-influencerin-im-interview-a-1155194-2.html. Zugegriffen am 31.03.2020

Lettmann S (2018) Schleichwerbung durch Influencer Marketing – Das Erscheinungsbild der Influencer. Gewerblicher Rechtschutz und Urheberrecht (GRUR) 12:1206–1211

Manager Magazin (2017) Achten Sie auf … Bianca Heinicke. https://heft.manager-magazin.de/MM/2017/4/150194463/index.html. Zugegriffen am 31.03.2020

Manager Magazin (2019) 21 Jahre, Influencerin, Milliardärin. https://www.manager-magazin.de/lifestyle/leute/forbes-liste-die-reichsten-menschen-der-welt-a-1256460.html. Zugegriffen am 31.03.2020

PWC (2018) Zwischen Entertainer und Werber – Wie Influencer unser Kaufverhalten beeinflussen. https://www.pwc.de/de/handel-und-konsumguter/pwc-zwischen-entertainer-und-werber.pdf. Zugegriffen am 31.03.2020

PSM&W (2018) Micro-Influencer Marketing: Wie geht's? Das Beispiel Hasbro. https://www.psmw.de/babbelboard/post/micro-influencer-marketing-beispiel/. Zugegriffen am 31.03.2020

Rondinella G (2018) Influencer Marketing ist auf dem Weg zum Milliardenmarkt. Horizont Magazin. https://www.horizont.net/marketing/nachrichten/Studie-Influencer-Marketing-ist-auf-dem-Weg-zum-Milliardenmarkt-165689. Zugegriffen am 31.03.2020

Zietlow J (2019) Influencer 2020: mega, macro? Micro, nano!. Magazinmedien. https://magazinmedien.de/mega_makro_mikro_nano_influencer/. Zugegriffen am 31.03.2020

2 Steuern

Zusammenfassung

Wir erklären, wie Einkommensteuer, Solidaritätszuschlag und Kirchensteuer berechnet werden, welche Unterschiede zwischen beschränkter und unbeschränkter Steuerpflicht bestehen und wie mit Verlusten umgegangen wird – natürlich immer mit besonderem Fokus auf Influencer und deren Tätigkeiten.

Außerdem zeigen wir auf, wann Einkünfte als Nebeneinkünfte eingestuft werden und wie mit Gewerbesteuer und Umsatzsteuer umgegangen wird. Dabei gehen wir insbesondere auf Arbeit im Ausland und Kooperationen mit ausländischen Geschäftspartnern ein. Oft erhalten Influencer Produkte oder Dienstleistungen gratis oder als Alternative zu regulärer Bezahlung zur Verfügung gestellt: Wir klären auf, wie damit umgegangen wird.

Zunächst einmal: Steuern sind kein Hexenwerk. Influencer haben mit Einkommensteuer und Solidaritätszuschlag, teilweise noch mit Kirchensteuer, Gewerbesteuer und Umsatzsteuer zu tun: Mehr braucht es nicht. Was Steuerfragen bei vielen Influencern so spannend und teilweise auch schwierig macht, das sind die vielen Grenz- und Sonderfälle, sowohl bei den Einnahmen als auch bei den Ausgaben. Eher selten sind direkte Bezahlungen von Dienstleistungen oder Produkten die einzige Einnahmequelle.

T. Siegel, F. Siegel, *Steuertipps für YouTuber, Blogger und Influencer*, https://doi.org/10.1007/978-3-658-30502-4_2

Wir erklären hier zunächst die Grundlagen zu den verschiedenen Steuerformen und gehen im anschließenden Kapitel darauf ein, welche Unternehmensform zu welcher Tätigkeit passt. Häufig vorkommende Sonderfälle versuchen wir anhand von konkreten Beispielen greifbar zu machen. Bereit? Dann starten wir gleich mit der normalen und gewöhnlichsten Form von Steuer: Der Einkommensteuer!

2.1 Einkommensteuer, Solidaritätszuschlag und Kirchensteuer

Einkommensteuer wird auf alle Einkünfte von natürlichen Personen erhoben. Sie betrifft alle Influencer, sofern sie ihre Einkünfte nicht in der Rechtsform einer UG oder GmbH erzielen.

Das zu versteuernde Einkommen entspricht grob vereinfacht den gesamten Einnahmen nach Abzug aller geschäftlichen Ausgaben. Die Abrechnung erfolgt jährlich.

Wer wenig verdient, der muss auch wenig zahlen. Zunächst gibt es einen Freibetrag, bis zu dem überhaupt keine Steuer zu zahlen ist. Er wird jedes Jahr neu festlegt. Für das Jahr 2020 lag er bei 9408 Euro.

Alle Einkünfte, die über diesem Freibetrag liegen, werden besteuert. Das fängt mit einem Steuersatz von 14 % an und steigert sich bis auf 42 % bei Einkommen ab 57.052 Euro. Für sehr hohe Einkommen ab 270.501 Euro gilt die sogenannte Reichensteuer mit dem Höchststeuersatz von 45 %.

Daraus ergibt sich eine durchschnittliche Besteuerung, die bei niedrigen Einkommen gering ausfällt, sich in einer flachen Kurve langsam steigert und bei hohen Einkommen immer mehr dem Höchststeuersatz annähert.

Das wars? Nicht ganz! Zusätzlich zur Einkommensteuer fällt noch der Solidaritätszuschlag an. Bis 2020 liegt er bei 5,5 % der zu zahlenden Einkommensteuer. Auch hier gibt es eine Freigrenze: Wer 972 Euro oder weniger Einkommensteuer zahlt, der muss keinen Solidaritätszuschlag bezahlen. Das entspricht einem Einkommen von 18.528 Euro.

Wer darüber liegt, der kommt um die Zahlung nicht herum. Für die Berechnung wird übrigens die gesamte Einkommensteuer herangezogen, also auch der Freibetrag! Entsprechend macht es einen großen Unterschied, ob man 972 und 973 Euro Einkommensteuer zahlen muss: Bei 972 Euro Einkommensteuer entfällt der Solidaritätszuschlag, bei 973 Euro müssen dafür 53,51 Euro zusätzlich bezahlt werden!

Ab 2021 wird diese Freigrenze deutlich erhöht: Der Solidaritätszuschlag fällt dann erst ab einer zu zahlenden Einkommensteuer von 16.956 Euro an. Das entspricht einem Einkommen von ca. 61.700 Euro im Jahr, bei Paaren und Familien liegt die Grenze noch höher.

Ein letzter Punkt: Wer Mitglied einer Kirche ist, der zahlt zusätzlich noch die Kirchensteuer. Sie berechnet sich ähnlich wie der Solidaritätszuschlag anhand der zu bezahlenden Einkommensteuer: In Bayern und Baden-Württemberg fallen 8 % der Einkommensteuer an, im Rest von Deutschland sind es 9 %.

Alles zu abstrakt? Hier ein Beispiel:

Beispiel: Rücklagen für Steuern

Die aufstrebende Influencerin Tina ist alleinstehend, kein Kirchenmitglied und hat im Jahr 2020 durch Kooperationen mit Unternehmen 40.000 Euro eingenommen. Für ihr technisches Equipment sowie für Reisen gab sie 10.000 Euro aus, die sie als Betriebsausgaben geltend machen kann. Der Abzug von Sonderausgaben, z. B. Ausgaben für private Versicherungen, wird hier der Einfachheit halber außer Acht gelassen.

Damit hat Tina ein zu versteuerndes Einkommen von 30.000 Euro (40.000 Euro minus 10.000 Euro Ausgaben). Darauf muss sie 5187 Euro Einkommensteuer und einen Solidaritätszuschlag von 285,28 Euro bezahlen. Das ergibt zusammengerechnet einen Steuersatz von 18,24 %.

Tina hat das entsprechende Geld auf einem separaten Konto beiseite gelegt, obwohl sie sich dadurch im Laufe des Jahres oft einschränken musste. So kommt sie nicht in finanzielle Schwierigkeiten. Weil sie mit weniger Ausgaben kalkuliert hat, bleibt von ihren Rücklagen sogar etwas übrig. ◀

Hoffentlich wird durch dieses Beispiel deutlich, wie wichtig es ist, sich vom Guthaben auf dem eigenen Konto nicht blenden zu lassen und nüchtern zu kalkulieren, wie viel von dem vermeintlichen Reichtum tatsächlich zur freien Verfügung steht. Eine gute Orientierung, welche Einkommensteuer zu erwarten ist, liefert der Einkommensteuerrechner auf der Webseite des Bundesministeriums für Finanzen (zu finden unter bmf-steuerrechner.de). Abb. 2.1 zeigt, wie sich Steuersatz und tatsächliche Steuerbelastung mit steigendem Einkommen entwickeln. Oben genanntes Beispiel ist mit einem Punkt markiert.

Abgesehen von Ausgaben gibt es kaum Möglichkeiten, die Einkommensteuer zu reduzieren. Eine gibt es jedoch: Das deutsche Einkommensteuerrecht bevorzugt verheiratete Paare. Ehepartner haben die Möglichkeit, ihre Einkommensteuer durch das sogenannte Splitting-Verfahren zu verringern. Dabei wird das Einkommen beider Partner zusammengerechnet und dann durch zwei geteilt. Auf Basis

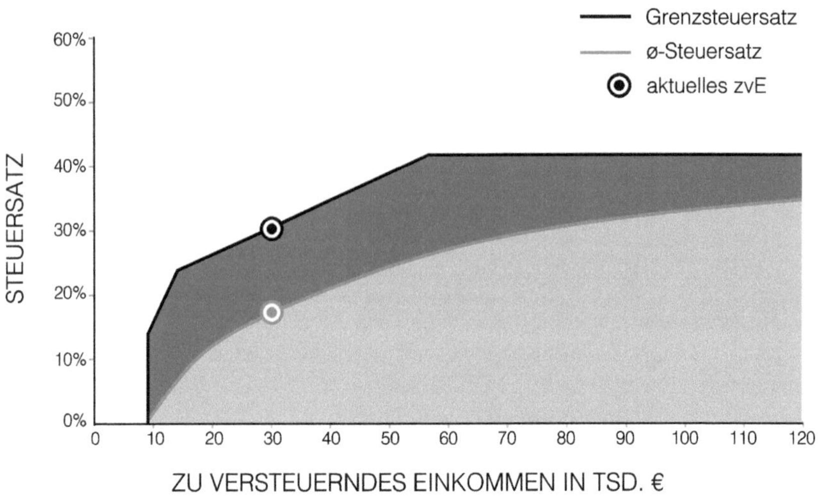

Abb. 2.1 Steuersatz und reale Steuerbelastung in Relation zum Einkommen für eine Einzelperson

dieses Mittelwertes werden Einkommensteuer, Soli und Kirchensteuer berechnet und dann mal zwei genommen.

Wenn beide Ehepartner gleich viel verdienen, bringt das Splitting-Verfahren keine Vorteile. Wenn einer der Ehepartner jedoch weniger verdient als der andere, sinkt der durchschnittliche Steuersatz durch das Zusammenrechnen deutlich ab.

Nehmen wir erneut die Influencerin Tina als Beispiel:

Beispiel: Weniger Steuern durch Heirat

Wie oben beschrieben, hat die aufstrebende Influencerin Tina bei 30.000 Euro zu versteuerndem Einkommen für Einkommensteuer und Soli eigentlich 5472,28 Euro zu zahlen. Im Dezember 2020 beschließt sie jedoch, ihren langjährigen Freund Max zu heiraten. Max ist ebenfalls Influencer, steht aber noch am Anfang seiner Karriere und hat im Jahr 2020 nach Abzug seiner Betriebsausgaben lediglich 10.000 Euro verdient.

Das zu versteuernde Einkommen von Tina und Max beträgt zusammen 40.000 Euro. Durch das Splitting-Verfahren beträgt die von ihnen zusammen zu zahlende Einkommensteuer 4692 Euro plus 258,06 Euro für den Soli. Der durchschnittliche Steuersatz liegt im Gegensatz zu den 18,24 %, die Tina alleine zahlen müsste, bei 12,38 %. Durch das Splitting-Verfahren haben die beiden also mehr als 500 Euro Steuern eingespart! ◀

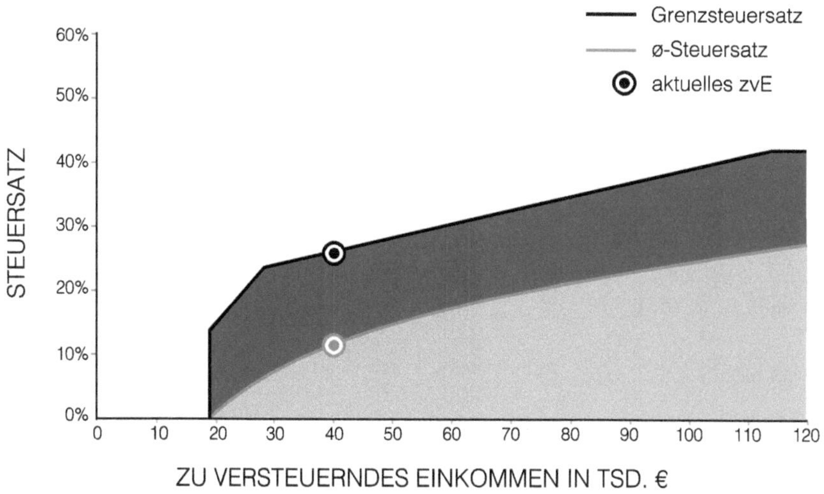

Abb. 2.2 Steuersatz und reale Steuerbelastung in Relation zum Einkommen für ein verheiratetes Paar

Abb. 2.2 zeigt, wie hoch Steuersatz und tatsächliche Steuerbelastung für verheiratete Paare ausfallen. Auch hier markiert ein Punkt das oben genannte Beispiel.

2.1.1 Unbeschränkte Steuerpflicht

Unbeschränkte Steuerpflicht bedeutet: Alle Einkünfte sind in Deutschland steuerpflichtig! Dies ist auch für Influencer der Normalfall. So spielt es beispielsweise keine Rolle, ob Einkünfte durch Werbeeinblendungen bei YouTube erzielt werden, Kooperationspartner primär oder ausschließlich im Ausland aktiv sind oder Blogger ihre eigene Webseite in einem anderen Land gehostet haben.

Interessanter wird der Fall, wenn Webseite oder Blog auf einem eigenen Server gehostet werden, der im Ausland steht. Doch auch in diesem Fall bleibt es dabei: Wer von Deutschland aus arbeitet, der zahlt in der Regel auch seine Steuern in Deutschland.

Viele Influencer arbeiten jedoch international und haben teilweise sogar einen zweiten Wohnsitz im Ausland. Müssen sie in Deutschland Einkommensteuer zahlen, wenn doch im Ausland die Steuern oft niedriger ausfallen?

Die Antwort: Kommt darauf an! Grundsätzlich gilt: Wer den Großteil des Jahres in Deutschland lebt, der bleibt auch unbeschränkt in Deutschland steuerpflichtig.

„Wohnsitz" oder „gewöhnlicher Aufenthalt" lauten hier die entscheidenden Kriterien. Wer sechs Monate oder mehr in Deutschland lebt, der kann diesbezüglich fast sicher sein.

Aber es können auch andere Kriterien als Indiz gelten: Wer in Deutschland amtlich gemeldet ist, wer Eigentümer oder Mieter einer Wohnung mit eigener Küche ist, den Schlüssel für eine Wohnung besitzt oder jederzeit dort wohnen könnte (von Finanzämtern wird das „Verfügungsgewalt" genannt), der muss mit hoher Wahrscheinlichkeit auch sein Einkommen in Deutschland versteuern. Dies kann sogar der Fall sein, wenn man dauerhaft ins Ausland umgezogen ist! Hier ein konkretes Beispiel dazu:

Beispiel: Unbeschränkt steuerpflichtig trotz Umzug ins Ausland

Die berühmte Influencerin Hannah ist vor kurzem nach Los Angeles gezogen, um bessere Kontakte zu potenziellen Werbepartnern zu knüpfen. Ihre voll eingerichtete Wohnung im Berliner Prenzlauer Berg behält sie dabei aber und vermietet diese auch nicht. Hannah kehrt regelmäßig alle paar Monate in die Wohnung zurück, um dort ihre Familie und Freunde zu treffen.

Es handelt sich hierbei um einen Grenzfall: Hannahs Wohnung ist zum permanenten Leben geeignet, sie hat die Verfügungsgewalt und nutzt die Wohnung auch regelmäßig. Weil sie vorher dort gelebt hat, wird das Finanzamt es mit hoher Wahrscheinlichkeit so einschätzen, dass Hannah einen Wohnsitz in Deutschland hat und damit unbeschränkt steuerpflichtig ist, obwohl ihr Lebensmittelpunkt inzwischen in Los Angeles liegt. ◀

Anders sieht es möglicherweise aus, wenn nur ein Zimmer im Elternhaus vorliegt oder ein Ferienhaus für gelegentliche Besuche genutzt wird. Am Ende bleibt immer die Frage, in welchem Land man am ehesten einen dauerhaften Wohnsitz hat.

So könnte Hannah ihre Chancen erhöhen, die Einkommensteuer nicht in Deutschland zahlen zu müssen, indem sie ihre Wohnung vermietet und bei ihren regelmäßigen Berlin-Besuchen bei Eltern, Freunden oder im Hotel wohnt. Dann würde sie voraussichtlich nur einer beschränkten Steuerpflicht unterliegen, das bedeutet: Sie müsste lediglich ihre Einkünfte aus der Vermietung in Deutschland versteuern. Allerdings müsste Hannah dann auch dem deutschen Finanzamt nachweisen, dass sie in den USA ordnungsgemäß ihre Steuern zahlt – in Zeiten der „Panama- und Paradise-Papers" wird auf unversteuerte Einkünfte weltweit Jagd gemacht.

Interessant wird die Lage auch im umgekehrten Fall, wenn nämlich ein Influencer aus einem anderen Land längere Zeit in Deutschland arbeitet. Ein Beispiel dazu:

Beispiel: Unbeschränkt steuerpflichtig trotz zeitlich begrenztem Aufenthalt

Die amerikanische Influencerin Miley nutzt ihre guten Kontakte zu einem Sportartikelhersteller in Süddeutschland und zieht für eine ausgedehnte Werbekampagne nach München. Nach fünf Monaten fliegt sie für eine Woche nach Mallorca, um dort Urlaub zu machen. Danach arbeitet sie noch einmal zwei Monate in München. Anschließend zieht sie wieder ins heimische Los Angeles.

Die Folge: Miley wohnt mehr als sechs Monate in Deutschland und ist somit in Deutschland unbeschränkt steuerpflichtig. Der kurze Aufenthalt auf Mallorca ist für die Berechnung der sechs Monate unerheblich. ◀

2.1.2 Beschränkte Steuerpflicht

Beschränkte Steuerpflicht spielt für Influencer aus Deutschland eher selten eine Rolle. Denn sie betrifft vor allem künstlerische, sportliche, artistische oder andere unterhaltende Darbietungen von Ausländern, die in Deutschland tätig sind: Diese sind in Deutschland beschränkt steuerpflichtig, wobei es unerheblich ist, ob diese Darbietungen selbst ausgeübt oder lediglich verwertet werden. Entsprechend ist auch eine Rechteüberlassung eingeschränkt steuerpflichtig.

Das gilt in erster Linie für Ausländer, die in Deutschland als Musiker gastieren, in Filmen mitspielen oder anderweitig auftreten. Vom Honorar für derartige Aktivitäten müssen pauschal 15 % Quellensteuer an das Finanzamt gezahlt werden.

Influencer haben damit eher seltener zu tun. Allerdings sind Kooperationen über Ländergrenzen hinweg unter Influencern nicht ungewöhnlich, und so kann es dazu kommen, dass man mit der Versteuerung ausländischer Kooperationspartner zu tun hat. Deshalb hier ein Beispiel für beschränkte Steuerpflicht für Ausländer:

Beispiel: Beschränkt steuerpflichtig aufgrund von unterhaltender Darbietung

Die berühmte amerikanische Influencerin Rebecca wird vom deutschen YouTube-Star Peter nach Deutschland eingeladen. Sie tritt zunächst auf einer von Peter organisierten Influencer-Messe in Berlin auf und erzählt dem Publikum ihre Erfolgsgeschichte. Für den Auftritt erhält sie 10.000 Euro. Danach tritt sie im Livestream von Peter auf, erhält dafür weitere 5000 Euro und fliegt am nächsten Morgen zurück in die Vereinigten Staaten.

Da diese Auftritte als „unterhaltende Darbietung" einzuschätzen sind, ist Rebecca mit insgesamt 15.000 Euro beschränkt steuerpflichtig. Peter, der die Bezahlung von Rebecca übernimmt, überweist an das Finanzamt 15 %

Quellensteuer, was 2250 Euro entspricht. An Rebecca überweist er die verbleibenden 12.750 Euro. Das Honorar muss sie in der USA der Besteuerung unterwerfen, wobei die deutsche Quellensteuer auf die US-amerikanische Einkommensteuer angerechnet wird. ◀

Etwas komplizierter wird es, wenn man ausländische Models für ein Fotoshooting einlädt. Das Bundesministerium für Finanzen hat nämlich festgelegt, dass Honorare in diesem Fall in zwei Komponenten aufgeteilt werden müssen: Für das Fotoshooting, das nicht als Darbietung eingestuft wird, muss das Fotomodel in Deutschland keine Steuern zahlen. Ein Teil des Honorars wird jedoch für die Rechteüberlassung bezahlt: Dieser Teil ist beschränkt steuerpflichtig!

Welchen Anteil die Rechteüberlassung ausmacht, ist abhängig von der Höhe des Honorars. Bei einem Tageshonorar von 5000 Euro kalkuliert das Finanzamt, dass 20 % davon für die Rechteüberlassung gezahlt werden. Bei 5000 bis 10.000 Euro Tageshonorar sind es schon 45 %, bei mehr als 10.000 Euro fällt der Anteil sogar noch höher aus. Auch hierzu ein Beispiel:

Beispiel: Beschränkt steuerpflichtig aufgrund von Rechteüberlassung als Model

Die deutsche Influencerin Kathie hat einen großen Kooperationsvertrag mit einem Modelabel an Land gezogen. Dafür braucht sie gute Fotos! Deshalb lädt Kathie zu einem Fotoshooting das Model Olivia aus Schweden ein. Sie einigen sich auf ein Tageshonorar von 7000 Euro.

Von diesem Tageshonorar werden 45 %, also 3150 Euro, für die Rechteüberlassung einkalkuliert. Kathie zieht davon 15 % Quellensteuer ab und zahlt entsprechend 472,50 Euro an das Finanzamt. Olivia überweist sie 6527,50 Euro. ◀

Ein anderer Fall liegt vor, wenn ein Influencer auf dem eigenen Instagram-Profil Bilder mit Werbung veröffentlichen: Dabei werden keine Rechte überlassen, somit muss auch keine Quellensteuer gezahlt werden. Hier ein Beispiel dazu:

Beispiel: Keine Steuerpflicht trotz Arbeit in Deutschland

Die österreichische Influencerin Mia testet regelmäßig die Outdoor-Ausrüstung eines bekannten österreichischen Sportartikelherstellers: Sie nutzt verschiedene Sportartikel und erstellt dabei Videos. Bei einem ihrer Ausflüge dreht sie auf dem deutschen Teil der Zugspitze ein Video und macht Fotos mit neuer Skiausrüstung. Sie veröffentlicht diese auf ihrem YouTube-Kanal und ihrem Instagram-Account. Dafür erhält Mia 1000 Euro vom österreichischen Sportartikelhersteller.

Obwohl sie in Deutschland tätig war, besteht hier keine beschränkte Steuerpflicht, da in Deutschland keine Rechteüberlassung stattfand. ◀

Nehmen wir nun noch ein Gegenbeispiel, bei dem Mia für eine deutsche Firma tätig wird:

Beispiel: Beschränkte Steuerpflicht bei Auftraggeber mit Sitz in Deutschland

Die österreichische Influencerin Mia kann aufgrund ihres steigenden Bekanntheitsgrads einen Kooperationsvertrag mit einem deutschen Sportnahrungshersteller abschließen. Neben Videos, in denen sie die Sportnahrung auf ihrem eigenen Instagram-Account präsentiert, dreht sie für die deutsche Firma sowohl in den österreichischen als auch in den deutschen Alpen mehrere kurze Werbeclips, die der deutsche Hersteller auf seinem eigenen Instagram Account hochlädt. Für die Rechteüberlassung der Werbeclips erhält Mia eine Vergütung von 5000 Euro.

Egal, ob Mia die Videos in Deutschland oder Österreich gedreht hat: Da Mia die 5000 Euro für eine Rechteüberlassung an eine deutsche Betriebsstätte erhalten hat, ist sie beschränkt steuerpflichtig und muss das Honorar in Deutschland versteuern: Sie zahlt 750 Euro Quellensteuer. ◀

Als EU-Bürger kann Mia in diesem Fall übrigens auch eine Steuererklärung in Deutschland abgeben, dabei Ausgaben geltend machen und so die Steuerlast verringern. Für Ausländer außerhalb der EU besteht diese Möglichkeit nicht.

2.1.3 Sonderfall: Digitale Nomaden

Unter Influencern gibt es noch eine besondere Gruppe: Die digitalen Nomaden. Sie arbeiten ortsunabhängig und bleiben oft nicht länger als ein paar Monate in einem Land. Ähnlich verhält es sich bei Influencern mit mehreren dauerhaften Wohnsitzen, zwischen denen sie hin und her pendeln.

In erstaunlich vielen Fällen bleiben solche Nomaden in Deutschland unbeschränkt steuerpflichtig, weil dort ihre wichtigsten Auftraggeber sitzen und weil dort der letzte feste Wohnsitz war. Sie können aber auch beschränkt steuerpflichtig sein, wenn sie längere Zeit an einem Ort im Ausland bleiben und einen größeren Teil ihres Einkommens vor Ort erzielen oder viel mit ausländischen Auftraggebern zu tun haben.

Da die Gesetzgebung in jedem Land anders ausfällt, kann es aber schnell passieren, dass Influencer in zwei Ländern unbeschränkt steuerpflichtig sind. Für solche Fälle gibt es zwischen den Ländern Doppelbesteuerungsabkommen, die in Zweifelsfällen helfen, das Land festzulegen, in dem der Influencer seine Steuern zahlen muss. Dies für jeden Einzelfall bis ins Detail zu erklären, würde hier aber den Rahmen sprengen. In Fällen, bei denen Influencer international aktiv sind und über längere Zeiträume im Ausland arbeiten, empfehlen wir so oder so, auf die Unterstützung durch einen versierten Steuerberater zu setzen.

2.1.4 Nebeneinkünfte unter 410 Euro bzw. unter 820 Euro

Kein Influencer fängt als Superstar an. Wer hauptberuflich einem normalen Job im Angestelltenverhältnis nachgeht und (nach Abzug aller Ausgaben) durch die Influencer-Tätigkeit weniger als 410 Euro im Jahr verdient, der darf sich aber über zwei tolle Folgen freuen:

1. Es muss keine Steuererklärung abgegeben werden, die sonst bei selbstständigen oder gewerblichen Einkünften nötig wäre.
2. Wer dennoch eine Steuererklärung abgibt, der muss auf Einkünfte aus der Influencer-Tätigkeit bis 410 Euro keine Einkommensteuer zahlen.

Nehmen wir dazu ein Beispiel:

Beispiel: Einkünfte unter 410 Euro

Der junge Auszubildende Moritz arbeitet in einem angesehenen Restaurant in der Hamburger Innenstadt und möchte eines Tages als Koch in den Sterneküchen der Welt arbeiten. Seine Passion für hochwertiges Essen lebt er auch auf sozialen Medien aus. Dort postet er regelmäßig eigene Kreationen und Rezepte und kann damit einige Follower gewinnen.

Ein italienischer Nudelhersteller bietet Moritz deshalb eine Kooperation an: Er soll über einen Zeitraum von einem halben Jahr einige Bilder teilen, auf denen groß Nudelpackungen des Herstellers zu sehen sind. Dafür erhält Moritz von der Nudelfirma einen Betrag von 600 Euro. Da Moritz auch in Zukunft für Firmen als Influencer in Frage kommen möchte, kauft er sich für 300 Euro eine neue Kamera, die er ausschließlich für seine Influencer-Tätigkeit nutzt.

Moritz ist Auszubildender und bekommt somit ein Gehalt aus nichtselbstständiger Arbeit. Seine Nebeneinkünfte von 600 Euro liegen nach Abzug der Kosten für die Kamera bei 300 Euro. Moritz ist somit nicht verpflichtet, eine Steuererklärung zu erstellen. Seine Nebeneinkünfte sind nicht steuerpflichtig. ◀

Wer mit seinen Nebeneinkünften über 410 Euro liegt, der muss zwingend eine Steuererklärung abgeben und die Nebeneinkünfte versteuern. Es gibt dabei aber noch eine weitere wichtige Grenze, die bei 820 Euro liegt und dafür sorgen soll, dass bei Einkünften ab 411 Euro nicht gleich der komplette Betrag versteuert werden muss. Deshalb darf von den zu versteuernden Nebeneinkünften ein Teil abgezogen werden, und zwar genau der Betrag, um den die Nebeneinkünfte unter 820 Euro liegen.

Klingt kompliziert, ist aber einfach, wenn man es anhand des Beispiels von Moritz verdeutlicht:

Beispiel: Einkünfte unter 820 Euro

Der Auszubildende Moritz freut sich: Auch im folgenden Jahr möchte der Nudelhersteller ihm 600 Euro für geteilte Bilder mit Nudelpackungen überweisen. Da er dieses Mal aber keine neue Kamera braucht, bleibt es bei 600 Euro Nebeneinkünften.

Moritz muss nun eine Steuererklärung für seine Nebeneinkünfte abgeben, weil er mehr als 410 Euro verdient. Er liegt 220 Euro unter der Grenze von 820 Euro. Diese 220 Euro darf er von den 600 Euro abziehen. Somit muss Moritz 600 Euro Nebeneinkünfte angeben, aber lediglich 380 Euro davon versteuern. ◀

2.1.5 Sonderfall: Verluste

Ein Influencer, der es ernst meint, sollte seine Tätigkeit wie ein Start-up behandeln. Wer professionell gründen will, der muss einige Ausgaben tätigen. Im Kap. 4 werden mögliche und unmögliche Ausgaben ausführlicher behandelt. An dieser Stelle möchten wir darauf eingehen, wie Influencer damit umgehen, wenn sie in einem Jahr mehr Ausgaben als Einkünfte verbuchen müssen, also einen Verlust erzielen.

Finanziell gesehen müssen Betroffene ein solches Jahr als Investition in die Zukunft abhaken … und mit den Verlusten leben. Steuerlich sind diese Verluste aber gar nicht so schlimm! Denn Verluste können mit einem positiven Einkommen aus dem Vorjahr (Verlustrücktrag) oder dem positiven Einkommen in den nächsten Jahren (Verlustvortrag) verrechnet werden.

Beim Verlustrücktrag darf sich der Influencer über eine sofortige Steuererstattung freuen. Beim Verlustvortrag vermindert sich die Steuerzahlung im nächsten Jahr, was natürlich insbesondere dann eine gute Idee ist, wenn sich durch die Investitionen größere Einkünfte abzeichnen. Ein Beispiel dafür:

Beispiel: Verlustrücktrag und Verlustvortrag

Modejournalistin Elena ist seit vielen Jahren in der Branche unterwegs und kennt diverse Ansprechpartner bei Mode-Labels. Schon länger bloggt sie nebenbei, kommentiert dabei die aktuellen Kollektionen der Labels und schildert persönliche Eindrücke von Modenschauen. Ihr ehrlicher, authentischer Schreibstil spricht sich schnell in der Branche herum, weshalb die Zahl ihrer Follower rasant wächst.

Elena möchte sich deshalb nur noch auf ihren Blog konzentrieren und damit Geld verdienen. Sie erstellt zusammen mit einem Gründungsberater einen Businessplan und investiert einen großen Teil ihres Ersparten in technische Ausrüstung und Reisen zu weltweiten Modeevents. Die Anzahl an Kooperationen mit Modeunternehmen bleibt jedoch hinter ihren Erwartungen zurück, so dass sie im ersten Jahr einen Verlust von 20.000 Euro verkraften muss.

Jetzt gibt es zwei mögliche Szenarien:

1. Elena hat einige lukrative Kooperationen in Aussicht. Sie entschließt sich zum Verlustvortrag. Ihre Erwartungen erfüllen sich: Zahlreiche weltweit aktive Modefirmen werden auf Elena aufmerksam. Sie erzielt im Folgejahr ein Einkommen von 80.000 Euro, versteuert aber wegen des Verlustvortrags 20.000 Euro weniger.
2. Durch enttäuschte Erwartungen ist Elena vorsichtig geworden. Sie entscheidet sich dafür, den Verlust per Verlustrücktrag in das Vorjahr zu schieben, in dem sie noch für ein Modemagazin gearbeitet hatte und 50.000 Euro Einkommen erzielen konnte. Somit muss sie rückwirkend 20.000 Euro weniger versteuern und bekommt einen Teil der bereits gezahlten Einkommensteuer vom letzten Jahr zurück, was ihre aktuelle finanzielle Situation entlastet. ◀

2.1.6 Sonderfall: Liebhaberei

Sehr wichtig für Influencer: Wer gerade zu Beginn Verluste macht, der läuft Gefahr, dass die Finanzverwaltung seine Tätigkeit als Liebhaberei einstuft. Hört sich niedlich an, wirkt sich aber fatal aus: Erzielte Verluste werden dann nämlich nicht anerkannt und können nicht per Verlustrücktrag oder Verlustvortrag in gewinnträchtige Jahre übertragen werden. Hier ein Beispiel:

Beispiel: Liebhaberei

Michael, ein junger Speditionskaufmann, sieht sich zum Fotomodel berufen. Um seine Karriere zu beschleunigen, kündigt er seinen Job. Er tritt immer wieder in sozialen Netzwerken auf und lässt sich dafür mit teuren Luxusautos abbilden, die er für diesen Zweck anmietet. Im ersten Jahr gibt er dafür und für Fotografen und Kleidung einen hohen fünfstelligen Betrag aus. Michael will DAS Gesicht für junge, männliche Autofahrer werden und hofft, als Influencer durch Kooperationen mit namhaften Autoherstellern Geld zu verdienen.

Geklappt hat es nicht: Michael wird von mehreren Seiten attestiert, dass er aus vielen Gründen nicht das Zeug zum Model hat. Und das böse Erwachen setzt sich fort: Das Finanzamt kann in seinen Tätigkeiten keine ernsthaften Gewinnabsichten erkennen. Michael darf seine Verluste weder als Verlustrücktrag noch als Verlustvortrag steuerlich geltend machen, was seine finanzielle Situation zusätzlich verschlechtert. ◀

Es kann also von entscheidender Bedeutung sein, wie die Finanzverwaltung eine Tätigkeit einschätzt. Für eine Gewinnabsicht ist übrigens nicht unbedingt ausschlaggebend, ob der betroffene Influencer selbst tatsächlich mit seinen Tätigkeiten Gewinne erzielen wollte! Entscheidend ist, ob das Finanzamt bei einer Tätigkeit eine Chance für Gewinne erkennen kann.

Insbesondere in der Anfangsphase wird bei Influencern schnell eine Liebhaberei angenommen: Schließlich haben Influencer oft aus persönlicher Leidenschaft ihre Tätigkeit aufgenommen, meist bildet dabei ein Hobby die Grundlage. Außerdem werden Aktivitäten in sozialen Netzwerken zunächst als Privatvergnügen angesehen: Es braucht viele gute Argumente, um die Sachbearbeiter in Finanzämtern von einer Gewinnabsicht zu überzeugen.

Wir plädieren deshalb für die Erstellung eines schlüssigen Betriebskonzeptes oder eines kompletten Businessplans: Das hilft nicht nur beim Finanzamt, sondern kann auch eine realistische Einschätzung der eigenen Tätigkeit bewirken.

Ohne eine breite Follower-Basis und erste nachweisbare Kooperationen mit Unternehmen, die nennenswerte Geldbeträge einbringen, sollten Influencer sich auf keinen Fall darauf verlassen, dass ihre Verluste anerkannt und mit dem Vorjahr oder Folgejahren verrechnet werden.

Wir empfehlen deshalb, Ausgaben nur moderat und gemeinsam mit steigenden Einkünften zu erhöhen.

2.2 Gewerbesteuer

Oft gehört die Arbeit von Influencern zu den gewerblichen Tätigkeiten. Dafür wird eine separate Steuer fällig: Die Gewerbesteuer. Mehr zu den unterschiedlichen Unternehmensformen und zur Abgrenzung freiberuflichen und gewerblichen Tätigkeiten im Kap. 3 – hier sei nur kurz erwähnt, was bei Gewerbesteuer zu beachten ist.

Zunächst: Gewerbesteuer betrifft alle Influencer, die in Deutschland unbeschränkt steuerpflichtig sind. In anderen Fällen wird es schnell kompliziert: Dann braucht es einen Steuerberater.

Außerdem gleich vorneweg: Die Gewerbesteuer kann auf die Einkommensteuer angerechnet werden! Die Absicht dahinter: Einkünfte durch Gewerbe sollen gegenüber anderen Formen von Einkommen nicht benachteiligt werden. In vielen Fällen wirkt sich Gewerbesteuer also nicht auf die Gesamthöhe der zu zahlenden Steuern aus.

Wozu dann das Ganze? Ganz einfach: Gewerbesteuer geht direkt an die Gemeinde oder die Stadt, in der das Gewerbe betrieben wird! Deshalb hängt die Höhe des Steuersatzes auch vom Sitz des Gewerbes ab. Städte bzw. Gemeinden legen dafür jeweils einen sogenannten Hebesatz fest: Dieser bestimmt den Steuersatz für die Gewerbesteuer. Zur Berechnung wird der Gewerbesteuermessbetrag (3,5 %, bleibt immer konstant) mit dem Hebesatz multipliziert. Der Hebesatz muss mindestens 200 % betragen, im deutschlandweiten Durchschnitt liegt er bei rund 400 %, was einen Gewerbesteuersatz von 14 % ergibt. Häufig lässt sich dabei ein starkes Stadt-Land-Gefälle beobachten: In München liegt der Hebesatz bei 490 %, in umliegenden Gemeinden nur bei 240 % bis 360 %.

Die Gewerbesteuer wird auf Gewinne bezahlt, die nach den gleichen Regeln ermittelt werden wie für die Einkommensteuer. Kapitalgesellschaften müssen immer Gewerbesteuer zahlen. Für Einzelunternehmer und andere Personengesellschaften (hierzu mehr in Abschn. 3.3) gibt es bei der Gewerbesteuer einen Freibetrag von 24.500 Euro.

Wie bereits erwähnt, kann Gewerbesteuer auf die Einkommensteuer angerechnet werden. Die Sache hat jedoch einen Haken: Bei der Berechnung wird maximal mit einem Hebesatz von 380 % kalkuliert. Ein niedrigerer Hebesatz bedeutet also im Endeffekt keinen Unterschied, weil nur die tatsächlich gezahlte Gewerbesteuer angerechnet werden kann. Bei einem Hebesatz über 380 % entstehen für Influencer durch diese Regelung jedoch zusätzliche Kosten. Verdeutlichen wir das an einem Beispiel:

Beispiel: Mehrbelastung durch Gewerbesteuer

Influencerin Bärbel wohnt in München und ist Einzelunternehmerin. Durch Kooperationen mit Unternehmen nimmt sie nach Abzug aller Ausgaben 100.000 Euro ein. Ihre Gewerbesteuer berechnet sich wie folgt:

100.000 Euro Gewinn ergibt nach Abzug des Freibetrags von 24.500 Euro einen Gewerbeertrag von 75.500 Euro. Dieser Betrag wird erst mit der Steuermesszahl von 3,5 % und dann mit dem Hebesatz multipliziert, der in München bei 490 % liegt. Daraus ergibt sich eine Gewerbesteuer von 12.948 Euro (es wird immer auf volle Euro-Beträge abgerundet).

Bärbel ist alleinstehend und zahlt keine Kirchensteuer: Das ergibt eine Einkommensteuer von 33.036 Euro. Davon wird aber nicht die tatsächliche Gewerbesteuer abgezogen, sondern die fiktive Gewerbesteuer bei einem Hebesatz von 380 %! Diese liegt bei 10.041 Euro, wodurch die zu zahlende Einkommensteuer auf 22.995 Euro reduziert wird. Daraus errechnet sich der Solidaritätszuschlag von 5,5 %, was 1264,73 Euro ergibt.

Insgesamt zahlt Bärbel also 12.948 Euro Gewerbesteuer, 22.995 Euro Einkommensteuer und 1264,73 Solidaritätszuschlag: Macht zusammen 37.207,73 Euro.

Fazit: Der hohe Hebesatz in München ergibt für Bärbel eine steuerliche Mehrbelastung von über 2900 Euro, da statt der 12.948 Euro Gewerbesteuer nur die fiktive Gewerbesteuer von 10.041 Euro angerechnet wird. Es macht für Influencer mit hohem Einkommen also einen großen Unterschied, in welcher Stadt oder Gemeinde sie ihre Tätigkeit ausüben! ◄

2.3 Umsatzsteuer

Die Umsatzsteuer wird im Volksmund gerne auch Mehrwertsteuer genannt: Zusammen mit der Einkommensteuer sorgt sie für den größten Teil des Steueraufkommens in Deutschland. Wenn ein Gegenstand oder eine Dienstleistung verkauft wird, beinhaltet sie normalerweise auch eine Umsatzsteuer. Sie entfällt nur in wenigen Ausnahmen: Dazu gehören unter anderem Kultur- und Bildungseinrichtungen wie Schulen, Museen oder Kammerorchester, aber auch Kleinunternehmer mit weniger als 22.000 Euro Jahresumsatz.

Influencer rechnen normalerweise bei allen Lieferungen und Dienstleistungen innerhalb von Deutschland mit 19 % Umsatzsteuer ab. Deshalb wird bei geschäftlichen Vereinbarungen gewöhnlich über Netto-Honorare gesprochen, bei denen die

Umsatzsteuer hinzugezählt wird. Der Grund ist einfach: Die Umsatzsteuer ist für Endverbraucher gedacht. Wenn Unternehmer oder Firmen Produkte oder Dienstleistungen für ihre geschäftlichen Tätigkeiten einkaufen, bekommen sie die Umsatzsteuer im Rahmen ihrer Umsatzsteuererklärung wieder. Das nennt man einen „durchlaufenden Posten".

Wenn schriftlich über Honorare gesprochen wird, sollten Influencer in Klammern immer „(zzgl. USt.)" ergänzen: Das wirkt professionell und verhindert Missverständnisse. Auf Rechnungen wird üblicherweise der Rechnungsbetrag ohne Umsatzsteuer genannt, dann die Umsatzsteuer als separater Posten ausgewiesen und abschließend der zu überweisende Betrag inkl. Umsatzsteuer genannt. Außerdem muss auf der Rechnung die Umsatzsteuer-Identifikationsnummer genannt werden, die man vom Finanzamt erhält. Ein Beispiel dazu:

Beispiel: Durchlaufender Posten bei Umsatzsteuer

Stefan erstellt Blogeinträge, in denen er die neusten Entwicklungen in der Solarenergiebranche vorstellt. Dabei kooperiert er mit einem Start-up-Unternehmen, das ein neues Konzept bei der Aufstellung von Solarpanels entwickelt hat. Für mehrere Posts über das Start-up soll Stefan ein Honorar von 1000 Euro erhalten. Stefan schreibt dem Unternehmen daraufhin eine Rechnung über 1000 Euro, weist Umsatzsteuersatz (19 %) und Umsatzsteuer (190 Euro) aus und nennt abschließend den Rechnungsbetrag (1190 Euro inkl. Umsatzsteuer). Zum Schluss ergänzt Stefan die Umsatzsteuer-Identifikationsnummer und die Kontonummer, auf die das Honorar überwiesen werden soll.

Die Umsatzsteuer geben sowohl Stefan als auch das Start-up in ihren Umsatzsteuererklärungen an. Stefan muss die Umsatzsteuer an das Finanzamt überweisen: Ihm bleiben also genau die 1000 Euro, die als Honorar vereinbart wurden. Das Start-up-Unternehmen darf die an Stefan gezahlte Umsatzsteuer hingegen von der an das Finanzamt zu zahlenden Umsatzsteuer abziehen, da die Dienstleistung für die eigene Geschäftstätigkeit eingekauft wurde. ◀

Das funktioniert natürlich auch umgekehrt: Ein umsatzsteuerpflichtiger Influencer, der auf seine Leistungen an Kunden Umsatzsteuer abführen muss, kann im Gegenzug auch die Umsatzsteuer vom Finanzamt zurückfordern, wenn er für seine geschäftliche Tätigkeit Produkte oder Dienstleistungen mit Umsatzsteuer einkauft. Auch dazu ein Beispiel:

Beispiel: Umsatzsteuer bei geschäftlichen Investitionen

Stefan kauft sich für seine Blogger-Tätigkeit einen neuen Laptop für 1190 Euro (inkl. MwSt.). Da er das Gerät nur geschäftlich nutzt, gibt er den Einkauf bei seiner Umsatzsteuervoranmeldung an und bekommt so die 190 Euro Umsatzsteuer zurück. Im Endeffekt zahlt er also nur 1000 Euro für sein Geschäfts-Laptop. ◀

Eigentlich sehr einfach. Aber können Influencer bei geschäftlichen Ausgaben immer und in jedem Fall die Umsatzsteuer geltend machen? Abgesehen von einer wichtigen Ausnahme lautet die Antwort: Ja! Denn obwohl ihre Tätigkeit in vielen Fällen eng mit privaten Vorlieben und Hobbys zusammenhängt, unterscheidet sich der Influencer vom privaten Fan normalerweise dadurch, dass er mit seiner Tätigkeit etwas verdienen möchte. Und genau darum geht es bei der Umsatzsteuer: Wer mit seiner gewerblichen oder freiberuflichen Tätigkeit Einnahmen erzielt, der wird vom Umsatzsteuer-Gesetz als Unternehmer eingestuft.

Ob Gewinne erzielt werden, ist dabei nicht relevant. Darin besteht auch der entscheidende Unterschied zum Thema Verlustvortrag oder Verlustrücktrag (vgl. Abschn. 2.1.5 und 2.1.6): So kann es passieren, dass die Influencer-Tätigkeit vom Finanzamt als Liebhaberei eingestuft wird, aber trotzdem eine Umsatzsteuererklärung abgegeben werden muss.

Der zweite Faktor, auf den bei der Umsatzsteuer geachtet wird: Die Tätigkeit muss nachhaltig darauf ausgerichtet sein, Einnahmen zu erzielen. Um dies nachzuweisen, reichen gewöhnlich Nachweise für zwei oder drei Aufträge oder Kooperationen aus: Es geht vor allem darum, dass nicht jeder aufgrund einer einmaligen Einnahme gleich als Unternehmer eingestuft wird.

2.3.1 Umsatzsteuererklärung und Umsatzsteuervorauszahlung

Die Umsatzsteuererklärung für ein betreffendes Jahr erstellen Influencer erst im Folgejahr. Wie bei der Einkommensteuer müssen auch bei der Umsatzsteuer bereits während des laufenden Jahres Vorauszahlungen an das Finanzamt gezahlt werden. Hierfür müssen in gewissen Abständen Umsatzsteuervoranmeldungen abgegeben werden. Die Häufigkeit richtet sich nach den Umsatzsteuerzahlungen im vorangegangenen Jahr:

- betrug die Umsatzsteuerzahllast im Vorjahr mehr als 7500 Euro, besteht eine monatliche Abgabepflicht
- lag die Umsatzsteuerzahllast im Vorjahr zwischen 1000 und 7500 Euro, reicht eine vierteljährliche Abgabepflicht

- blieb die Umsatzsteuerzahllast im Vorjahr unter 1000 Euro, können Influencer sich von Vorauszahlungen befreien lassen

Für Neugründer gilt eine spezielle, nicht gerade gründerfreundliche Regelung: Sie müssen in den ersten zwei Jahre jeden Monat Umsatzsteuervoranmeldungen einreichen. Doch zum Glück setzt hier ein Umdenken ein: Ab dem 01.01.2021 reichen vierteljährliche Voranmeldungen aus. Dies soll ein Beispiel verdeutlichen:

Beispiel: Vorauszahlung bei Umsatzsteuer

Regine ist eine der führenden Bloggerinnen zum Thema biologische Lebensmittel. Im Vorjahr hatte sie aufgrund ihrer sehr gut laufenden Kooperationen mit einer Bio-Ladenkette eine Umsatzsteuerzahllast von 15.000 Euro und muss daher monatliche Umsatzsteuervoranmeldungen abgeben.

Im Januar stellt Regine ihre erste Rechnung: Mit einem namhaften Bio-Lebensmittelhersteller hat sie für eine Reihe von Posts zu einem neuen Produkt ein Honorar von 10.000 Euro vereinbart. Ihre Rechnung weist einen Betrag von 11.900 Euro (inkl. 19 % Umsatzsteuer) aus.

Direkt danach kauft Regine für ihren Blog eine professionelle Filmkamera im Wert von 8330 Euro (inkl. 19 % Umsatzsteuer, also 1330 Euro). Da dies ihre einzigen Geschäftsvorfälle im Januar sind, ergibt sich für Regine bei der Umsatzsteuervoranmeldung für den Januar eine Umsatzsteuer-Zahllast von 570 Euro, die sie direkt ans Finanzamt überweist: Sie muss für ihre Rechnung 1900 Euro Umsatzsteuer zahlen, kann davon aber die 1330 Euro Umsatzsteuer abziehen, die sie beim Kauf der Filmkamera mitgezahlt hat. ◀

Eine Vorlage für die Rechnung bei der Umsatzsteuer-Regelbesteuerung befindet sich in Kap. 6.

2.3.2 Sonderfall: Kleinunternehmer

Wer noch ganz am Anfang steht oder nur nebenbei als Influencer tätig ist, der könnte das Anmelden zur Umsatzsteuer und die ganzen damit verbundenen Pflichten als unverhältnismäßig großen Aufwand empfinden. Der Gesetzgeber hat deshalb die sogenannte Kleinunternehmerregelung geschaffen: Wer im Vorjahr nicht mehr als 22.000 Euro Umsatz hatte und für das laufende Jahr mit einem Umsatz von weniger als 50.000 Euro rechnet, der muss keine Umsatzsteuer auf seine Umsätze abführen. Als Umsatz gelten dabei sämtliche Einnahmen ohne Abzug von Ausgaben.

Da es für Neugründer kein Vorjahr gibt, müssen diese einschätzen, ob sie im laufenden Kalenderjahr voraussichtlich einen Umsatz von weniger als 22.000 Euro haben werden. Wer seine Tätigkeit nur einen Teil des Jahres ausübt, der muss den erzielten Umsatz dabei auf das ganze Jahr hochrechnen. Ein Beispiel dazu:

Beispiel: Kein Kleinunternehmer wegen Hochrechnung von Umsatz auf das ganze Jahr

Jannik ist Fitness-Freak und fängt im Juli an, professionell als Influencer aufzutreten und Kooperationen mit Unternehmen einzugehen. Er schätzt seinen Umsatz von Juli bis Dezember auf 15.000 Euro ein.

Das liegt zwar unter der für Kleinunternehmer vorgegebenen Umsatzgrenze von 22.000 Euro. Auf das ganze Jahr hochgerechnet hätte Jannik aber 30.000 Euro Umsatz. Jannik kann deshalb die Kleinunternehmerregelung nicht anwenden und muss seine Rechnungen mit Umsatzsteuer ausstellen. Dafür darf er sich aber auch die Umsatzsteuer für seine geschäftlichen Ausgaben zurückholen. ◀

Übrigens: Man kann auch auf die Anwendung der Kleinunternehmerregelung verzichten! Die Regelung erspart dem Influencer bürokratischen Aufwand, bedeutet aber auch, dass Umsatzsteuer bei betrieblichen Anschaffungen nicht zurückerstattet wird. In Abwandelung des obigen Beispiels:

Beispiel: Wegen Investitionen freiwillig auf Kleinunternehmerregelung verzichten

Fitness-Freak Jannik arbeitet ab Juli als professioneller Influencer und rechnet in diesem Kalenderjahr mit einem Umsatz von 10.000 Euro. Auf das ganze Jahr hochgerechnet sind das 20.000 Euro: Er könnte also als Kleinunternehmer auf die Umsatzsteuerabrechnung verzichten.

Jannik entscheidet sich jedoch dagegen, weil er in der Startphase einige größere Investitionen tätigen will und dabei die Umsatzsteuer einsparen möchte. Den Verwaltungsaufwand nimmt er dafür gerne in Kauf. ◀

Wenn die Kleinunternehmerregelung in Frage kommt, sollten Influencer genau überlegen, ob etwaige finanzielle Vorteile durch die Einsparung der Umsatzsteuer bei Investitionen den zusätzlichen Aufwand durch Umsatzsteuereinbehaltung und Umsatzsteuervoranmeldungen aufwiegen.

Wir empfehlen, auf die Vorteile der Kleinunternehmerregelung nur dann zu verzichten, wenn tatsächlich größere Anschaffungen anstehen. Hierzu sollte vorher das Kap. 4 (Ausgaben) durchgearbeitet werden, um einzuschätzen, welche

Investitionen tatsächlich angerechnet werden können. Bei kleinen Ausgaben steht der Aufwand jedenfalls in keinem Verhältnis zum Ertrag.

Ein wichtiger Hinweis noch: Die Kleinunternehmerregelung gilt nur für inländische Leistungen! Bei grenzüberschreitenden Leistungen könnten also trotzdem Umsatzsteuern anfallen. Wie im nächsten Kapitel ausgeführt, empfehlen wir in einem solchen Fall den Gang zum Steuerberater.

Eine Vorlage für die Rechnung bei Anwendung der Kleinunternehmerregelung befindet sich in Kap. 6.

2.3.3 Leistungen innerhalb der EU

Für Influencer spielen Nationen keine so wichtige Rolle wie für die meisten anderen Dienstleister. Sie arbeiten oft mit Firmen zusammen, die ihren Sitz nicht in Deutschland haben. Beschäftigen wir uns also mit Kooperationen, bei denen Firmen ihren Sitz nicht in Deutschland, aber in einem anderen EU-Staat haben. Der Sitz einer Firma entspricht übrigens der Adresse, die auf Rechnungen angegeben wird.

In solchen Fällen darf der Influencer keine Umsatzsteuer ausweisen! Es kann übrigens durchaus sein, dass ein Produkt sehr bodenständig und heimatverbunden wirkt, die Firma dahinter aber trotzdem im europäischen Ausland sitzt. Ein Beispiel dazu:

Beispiel: Rechnung ohne Umsatzsteuer ins EU-Ausland

Franz ist am schönen Chiemsee aufgewachsen und verkörpert mit Leib und Seele die bayerische Lebensart. Diese kommuniziert er auch auf sozialen Medien, weshalb sich schon mehrere lokale Unternehmen an ihn gewandt haben, um ihre Produkte von ihm vermarkten zu lassen.

Ein größerer niederländischer Braukonzern möchte nun auf dem süddeutschen Markt mit einer neuen, lokal wirkenden Biermarke Fuß fassen. Der Konzern kauft eine alteingesessene Brauerei auf und engagiert Franz, damit er von deren Produkten Fotos und Videos in schöner, alpenländischer Kulisse erstellt und auf seinem Profil postet.

Franz muss nun zum ersten Mal eine Rechnung an den niederländischen Konzern schreiben. Da es sich bei den Niederlanden um einen EU-Staat handelt und der Auftraggeber Unternehmer ist, darf er in der Rechnung keine Umsatzsteuer ausweisen: Der Auftraggeber muss sich selbst um das Abführen der Umsatzsteuer kümmern. ◄

Influencer betrifft der Leistungsverkehr innerhalb der EU unter anderem deshalb besonders oft, weil alle Auszahlungen für YouTube-Werbung über ein Adsense-Konto von Google Irland laufen. Google Irland ist dabei der Leistungsempfänger und muss sich auch um das Abführen von Steuern kümmern.

Für den Influencer selbst gibt es nur eines zu tun: Sie müssen innergemeinschaftliche Leistungen unter Angabe der USt-ID des Leistungsempfängers in einer sogenannten „Zusammenfassenden Meldung" angeben. Das gilt übrigens auch für diejenigen Influencer, die sonst die Kleinunternehmerregelung anwenden (siehe Abschn. 2.3.2).

Die zusammenfassende Meldung erfolgt ähnlich wie eine Umsatzsteuervoranmeldung. Wird durch Leistungen ins EU Ausland ein Umsatz von weniger als 15.000 Euro generiert, so muss diese nur jährlich erstellt werden. Wer allerdings häufiger mit Aufträgen aus dem EU-Ausland zu tun hat, sollte unbedingt einen Steuerberater aufsuchen: Die Regelungen sind von Fall zu Fall unterschiedlich und so wird es schnell kompliziert!

Eine Vorlage für die Rechnung bei Aufträgen aus dem EU-Ausland befindet sich in Kap. 6.

2.3.4 Leistungen außerhalb der EU

Die umsatzsteuerlichen Regelungen von Ländern außerhalb der EU (sog. Drittländer) können sich sehr von den Regelungen in Deutschland unterscheiden. So kann es auch vorkommen, dass Influencer aus Deutschland auf Rechnungen ins Drittland eine Umsatzsteuer ausweisen müssen. Es ist nicht unmöglich, sich die nötigen Informationen selbst zusammenzusuchen. Wir empfehlen dennoch, in solchen Fällen gleich zum Steuerberater zu gehen: Zu schnell unterlaufen hier Fehler, und die Kosten für den Steuerberater liegen unserer Erfahrung nach gewöhnlich weit unter dem Aufwand, der nötig ist, um alles selbst zu recherchieren und korrekt umzusetzen.

2.4 Bezahlung mit Produkten oder Dienstleistungen

Wenn ein Influencer Geld für eine Produktwerbung auf Instagram oder YouTube erhält, dürfte allen klar sein: Das ist Einkommen, das versteuert werden muss. Influencer werden insbesondere am Anfang ihrer Karriere aber häufig nicht direkt mit Geld bezahlt, sondern bekommen stattdessen kostenlos Produkte oder Dienstleistungen bereitgestellt, damit sie über diese berichten.

Grundsätzlich gilt: Auch hierbei handelt es sich um Einnahmen, die den besprochenen Steuern unterliegen und angegeben werden müssen! Grundsätzlich unterscheiden wir dabei zwischen Tausch und Geschenken.

2.4.1 Tausch und Rabatte

Bekommt ein Influencer für Werbeposts oder Werbevideos ein Produkt zur Verfügung gestellt, das er danach behalten darf, handelt es sich dabei nicht um ein Geschenk, sondern um einen Tausch! Es findet nämlich ein Leistungsaustausch statt: Der Influencer postet Werbung, das Unternehmen bezahlt hierfür mit einem Produkt. Reine Geschenke erfolgen ohne Gegenleistung, darauf gehen wir weiter unten ein.

Bei einem Tausch haben wir zunächst schlechte Nachrichten: Die Produkte müssen mit ihrem Neuwert als Einnahme in die Einkommensteuer aufgenommen werden. Ein Beispiel dazu:

Beispiel: Zusätzliche Einnahmen durch Tausch (Produkte)

Der auf der Plattform TikTok bekannte Influencer Marvin erstellt Musikvideos, in denen er Kleidung bekannter Streetstyle-Marken vorführt und bewirbt. Durch Kooperationen mit Modeunternehmen hat er in einem Jahr 30.000 Euro einnehmen können. Zusätzlich durfte er die Kleidung, die er in den Videos beworben hat, behalten. Für diese hätte er im Laden insgesamt 10.000 Euro zahlen müssen.

Vor Abzug seiner Ausgaben muss Marvin in seiner Einkommensteuererklärung Einnahmen von 40.000 Euro angeben: 30.000 Euro „echte" Einnahmen in Geldform und 10.000 Euro Einnahmen in Form von Produkten. ◄

Ein anderes Beispiel, bei dem es nicht um Produkte, sondern um Dienstleistungen geht:

Beispiel: Zusätzliche Einnahmen durch Tausch (Dienstleistungen)

Maria betreibt einen bekannten YouTube-Kanal, auf dem sie Videos zu neu erschienenen Filmen erstellt und diese rezensiert. Sie geht eine Kooperation mit einem bekannten Streaming-Anbieter ein und berichtet nun häufig über die dort erscheinenden Eigenproduktionen. Der Streaming-Anbieter gibt Maria neben einer Geldzahlung im fünfstelligen Bereich auch einen kostenlosen Zugang zum Streamingdienst, welcher sonst 200 Euro im Jahr kosten würde.

Maria muss diese 200 Euro, die der Streamingdienst sonst kosten würde, als Einnahme in ihre Gewinnermittlung aufnehmen. ◄

Bei einem Tausch ist also das eingetauschte Produkt mit dem Marktwert anzusetzen. Damit ist der Betrag gemeint, den der Influencer zahlen müsste, wenn er das Produkt oder die Dienstleistung in seiner Stadt einkaufen würde. Der Endpreis kann dabei durch übliche Preisnachlässe gemindert werden.

Aber: Was kostet das Produkt oder die Dienstleistung üblicherweise für Außenstehende, die am selben Ort wie der Influencer wohnen? Gab es zum Zeitpunkt der Übergabe vielleicht spezielle Rabatte, die auch andere erhalten hätten? Auch hier wollen wir das Vorgehen anhand eines Beispiels illustrieren:

Beispiel: Marktwert bei Tausch

Der YouTuber Oskar erstellt Videos, in denen er neue Laptops verschiedener Marken testet und promotet. Neben einer Gage der Hersteller darf er nach Erstellung der Videos dafür häufiger auch die Laptops selbst behalten. Bei einem ganz besonderen Laptop gibt der Hersteller dabei eine unverbindliche Preisempfehlung von 2500 Euro an. In einem bekannten deutschen Onlineshop ist der Laptop zu dem Zeitpunkt, als Oskar ihn erhält, aber für 2100 Euro erhältlich.

Oskar wird deshalb für den Erhalt des Laptops eine Einnahme von 2100 Euro ansetzen, da dies der übliche Preis am Abgabeort ist. ◀

Der Preis zum Zeitpunkt der Übergabe des Produktes sollte unbedingt glaubhaft dokumentiert werden, um späteren Ärger zu vermeiden!

Was wäre aber, wenn es das gleiche Laptop in einem ENGLISCHEN Online-Shop für umgerechnet 1500 Euro gibt, weil es dort schon länger auf dem Markt ist? In dem Fall hat Oskar Pech: Der Preis im englischen Online-Shop darf nicht angesetzt werden, weil er nicht am Abgabeort (in diesem Fall also: in Deutschland) gilt.

Soweit zum Tausch! Aber was gilt, wenn ein Influencer kein Gratis-Produkt, sondern lediglich einen Rabatt erhält? Hier stellt sich die Frage, ob auch Außenstehende diesen Rabatt erhalten könnten. Ein erheblicher Rabatt, den ein Influencer nur aufgrund seiner Tätigkeit erhält, muss dagegen als Einnahme angegeben werden! Auch dazu ein Beispiel:

Beispiel: Zusätzliche Einnahmen durch Rabatt

Laura ist passionierte Köchin und stellt auf YouTube verschiedene Küchengeräte vor. Durch eine Kooperation mit einem Hersteller erhält sie ein multifunktionales Küchengerät, das ansonsten 2000 Euro kosten würde, für 500 Euro.

Wenn andere Kunden diesen Rabatt nicht erhalten, muss Laura hierfür einen geldwerten Vorteil in Höhe von 1500 Euro als Einnahme angeben. ◀

Allerdings können eingetauschte Produkte unter bestimmten Umständen auch gleich wieder als Ausgabe angesetzt werden! Eine Chance dafür besteht, wenn bereitgestellte Produkte auch tatsächlich bei der Präsentation in einem Video oder einem Post verwendet werden. Hierzu mehr in Kap. 4.

Eine anderer häufiger Fall: Ein Influencer erhält ein Produkt als Bezahlung und verkauft es wieder. In diesem Fall muss zunächst der Marktwert UND das durch den Verkauf des Produktes erhaltene Geld als Einnahmen angegeben werden. Da das Produkt, welches als Bezahlung in Höhe des Marktwertes angerechnet wurde, nicht mehr vorliegt, muss dieser Marktwert aber auch als Ausgabe verrechnet werden. Verrückt? Ja … aber irgendwie auch logisch! Erklären wir es am Beispiel des bereits erwähnten YouTubers Oskar:

Beispiel: Zusätzliche Einnahmen UND Ausgaben durch Tausch (Produkte)

Influencer Oskar hat für einen Laptop eine Einnahme in Höhe des Marktwertes von 2100 Euro zu verzeichnen. Da er Geld für eine geplante Reise braucht, verkauft er den Laptop über ein bekanntes Auktionsportal und nimmt dabei 1700 Euro ein.

In der Einkommensteuerabrechnung gibt Oskar jetzt die 2100 Euro Marktwert des Laptops und die 1700 Euro, die er durch den Verkauf erzielt hat, als Einnahmen an. Bei den Ausgaben gibt er den Marktwert des Laptops von 2100 Euro an. Dadurch bleibt es für Oskar im Endeffekt bei der tatsächlichen Einnahme in Höhe von 1700 Euro. ◀

2.4.2 Geschenke

Im Gegensatz zum Tausch erfolgen Geschenke ohne Gegenleistung. Bekommt ein Influencer Geschenke aus betrieblichem Anlass, sind diese aber grundsätzlich immer als Einnahme anzusetzen! Das gilt auch für unaufgeforderte Warenzusendungen eines Herstellers. Dazu ein Beispiel:

Beispiel: Einnahmen durch Geschenke (Produkte)

Mehrere Mütter haben sich über den Kindergarten kennengelernt und tauschen sich über Ernährungsmissstände bei Kindern aus. Sie beschließen, das ausgetauschte Wissen im Netz zu teilen. Sie posten Ernährungstipps, die immer mehr Anklang finden. Keine der Mütter hat die Absicht, damit etwas zu verdienen.

Zwischenzeitlich sind aber mehrere Nahrungsmittelhersteller auf den Auftritt der Mütter aufmerksam geworden und senden den Müttern ungefragt Lebensmittelpakete zu.

Obwohl die Mütter nichts verdienen wollen und die Nahrungsmittelhersteller nirgendwo den Wunsch äußern, dass die Mütter doch bitte über ihre Produkte berichten sollen, müssen die Lebensmittelpakete zum Marktwert als Einnahme angesetzt werden. Die Mütter können dies nur umgehen, indem sie die Lebensmittelpakete zurückschicken. ◀

Allerdings gilt auch bei Geschenken: Wenn diese betrieblich eingesetzt werden, könnten sie unter bestimmten Umständen mit dem gleichen Wert als Ausgabe angegeben werden! Im Kap. 4 gehen wir darauf genauer ein.

Unabhängig davon gibt es zwei Ausnahmen, bei denen ein Geschenk nicht als Einnahme anzusetzen wäre.

Die eine Ausnahme betrifft kleine Geschenke, die einen Wert von 10 Euro (ohne Umsatzsteuer) nicht überschreiten. Sie werden als Streuwerbeartikel angesehen und müssen deshalb nicht als Einnahme angegeben werden. Aber Vorsicht: Mit dieser Grenze nimmt es das Finanzamt sehr genau! Schon bei einem Wert von 10,01 Euro handelt es sich um eine Einnahme! Ein Beispiel dazu:

Beispiel: Keine Einnahme bei Geschenk als Streuwerbeartikel

Letitia bewirbt auf ihrem Instagram Account regelmäßig unterschiedlichste Lifestyle-Produkte. Zuletzt hat sie von einem bekannten Lebensmittelhersteller zehn Packungen eines neuen Kaugummis zugeschickt bekommen. Die Bitte, ein Video darüber zu drehen, bleibt unausgesprochenen. Die Kaugummis kosten im Laden pro Packung 1,19 Euro inkl. Umsatzsteuer.

Im Verkauf kosten die zugesendeten Kaugummis also zusammen 11,90 Euro. Nach Abzug der Umsatzsteuer bleibt es bei einem Warenwert von genau 10 Euro. Also handelt es sich um einen Streuwerbeartikel, den Letitia nicht als Einnahme ansetzen muss. ◀

Die andere Ausnahme wird in § 37b des Einkommensteuergesetzes beschrieben: Der Schenker hat die Möglichkeit, sein Geschenk selbst pauschal zu versteuern. In diesem Fall zahlt er vorab 30 % Steuer auf den Bruttowert des Geschenks (also inklusive Umsatzsteuer). Wenn Influencer ein solches Geschenk erhalten, müssen sie den Marktwert nicht als Einnahme angeben.

Die Anwendung des § 37b EStG setzt allerdings voraus, dass das Geschenk zusätzlich zu einer vorhandenen Leistungsbeziehung übergeben wird. Der Influencer muss also bereits mit dem Unternehmen kooperieren, das ihm das Geschenk zuschickt. Außerdem muss das Geschenk in einem konkreten Zusammenhang zu dieser Kooperation stehen. Und selbstverständlich muss der Schenker den Influencer darauf hinweisen, dass er die Versteuerung selbst übernommen hat.

In der Praxis kommt dies allerdings sehr selten vor. Viel häufiger gibt es den Fall, dass Influencer Geschenke zugeschickt bekommen und annehmen, ohne dass diese korrekt als Einnahmen angegeben werden. Diesen Fehler machen sogar große Instagram- und YouTube-Stars.

Wir empfehlen, von Anfang an den korrekten Weg zu wählen und alle Geschenke über 10 Euro Nettowert konsequent als Einnahmen zu versteuern. Wer nachhaltig als Influencer vorwärts kommen will, sollte von Anfang an darauf achten, von Unternehmen als Geschäftspartner wahrgenommen zu werden, der mit seiner Tätigkeit seinen Lebensunterhalt verdient und somit auch Geschenke ganz regulär als Einnahmen behandelt und versteuert.

2.4.3 Umsatzsteuer bei Einnahmen in Geldeswert

Falls Influencer nicht unter die Kleinunternehmerregelung fallen, müssen sie auf ihre Umsätze Umsatzsteuer einbehalten. Das gilt auch für Einnahmen in Form von Produkten oder Dienstleistungen! Also muss die im Marktwert eines Produktes enthaltene Umsatzsteuer auch bei der Umsatzsteuererklärung erklärt und bezahlt werden. Spätestens an dieser Stelle sollte jeder Influencer sich genau überlegen, ob er ein großzügig zugeschicktes Geschenk tatsächlich behalten will: Mit Umsatz- und Einkommensteuer geht das nämlich ganz schön ins Geld! Hier ein Beispiel:

Beispiel: Umsatzsteuer bei Tausch (Produkte)

Harald ist ein bekannter Modeblogger für exklusive Herrenkleidung. Besonders gerne trägt er teure Anzüge und postet Bilder von seinen Outfits auf Instagram. Durch eine Kooperation mit einer Luxusmarke erhält er für ein Shooting mehrere Anzüge, die im Laden inkl. Umsatzsteuer 23.800 Euro kosten. Er darf sie nach dem Shooting behalten. Ansonsten bekommt Harald für die Kooperation kein Geld.

Ohne einen einzigen Cent aufs Konto zu bekommen, hat Harald für seine Leistung Einnahmen in Höhe von 20.000 Euro (23.800 Euro abzüglich 3800 Euro Umsatzsteuer) zu verbuchen. Außerdem muss er die 3800 Euro Umsatzsteuer in seiner Umsatzsteuererklärung angeben und bezahlen. Die Folge: Harald kann sich jetzt auch privat in besten Anzügen präsentieren, hat aber zusätzlich zu seinen sonstigen Ausgaben noch hohe Steuerzahlungen, die er mit anderen Kooperationen ausgleichen muss. ◀

Fazit: Wertvolle Geschenke können für Influencer steuerlich ein teures Vergnügen sein! Deshalb empfehlen wir, professionell an die Tätigkeit als Influencer heran zu gehen und bei Kooperationen neben möglichen Geschenken oder Tauschgeschäften stets auch ein Honorar auszuhandeln. Die nötigen Argumente haben wir hier geliefert: Partner in Firmen mögen ganz selbstverständlich davon ausgehen, dass Empfänger Geschenke nicht versteuern. Sie zeigen sich aber oft schnell einsichtig, wenn der Influencer verdeutlicht, dass diese weit verbreitete aber illegale Praxis für ihn nicht in Frage kommt und deshalb bei Tausch und Geschenken Kosten für ihn anfallen.

Literatur

Brohl P, Kroll T (2020) Umsatzsteuerliche Behandlung von Influencern. Steuer Stud 4:277–286

Brunckhorst A, Sterzinger C (2018a) Ertragsteuerliche Beurteilung von Bloggern, Podcastern und YouTubern. Deutsches Steuerrecht (DStR) 32:1689–1694

Brunckhorst A, Sterzinger C (2018b) Umsatzsteuerliche Beurteilung von Bloggern, Podcastern und YouTubern. Deutsches Steuerrecht (DStR) 33:1743–1749

Bundesfinanzministerium (2020) Lohn- und Einkommensteuerrechner. https://www.bmf-steuerrechner.de/ekst/eingabeformekst.xhtml. Zugegriffen am 31.03.2020

Eckert K (2018) Umsatzsteuer-Voranmeldungen. In: Eckert K, Sebast R (Hrsg) ABC der Umsatzsteuer-Kontierung. NWB, Herne

Grebe C (2017) Besteuerung elektronischer Dienstleistungen im Umsatzsteuerrecht – Teil II. Umsatzsteuer-Berater (UStB) 8:247–251

Homut R (2018) Einkünfte X.0: Blogger, Influencer, YouTuber & Co. – Steuerliche Aspekte des Social-Media-Bereichs. NWB, Herne, S 1891–1902

Vanheiden U (2019) Innergemeinschaftliche Lieferung. NWB-Infocenter v. 01.04.2019

3 Rechtsformen für Influencer

Zusammenfassung

Influencer starten ihre Tätigkeit oft als Hobby. Umso wichtiger ist es, die richtige Rechtsform zu wählen, wenn aus dem Hobby eine gewinnorientierte Beschäftigung wird. Wir erklären dabei zunächst die wichtigen Unterschiede zwischen freiberuflicher und gewerblicher Tätigkeit sowie zwischen nichtkaufmännischer, kaufmännischer und kleingewerblicher Tätigkeit.

Darüber hinaus erklären wir die verschiedenen Unternehmensformen, die Influencern zur Verfügung stehen: vom Einzelunternehmer über GbR und oHG bis hin zu UG und GmbH. Die Besonderheiten der verschiedenen Arten von Tätigkeiten ebenso wie die Vor- und Nachteile der diversen Unternehmensformen zeigen wir anhand von konkreten Beispielen auf.

Nachdem wir nun einen Überblick auf die verschiedenen Formen von Steuern bekommen haben, stellt sich noch die Frage, was für eine Art von Unternehmen Influencer eigentlich führen. Finanzamt und Steuerberater sprechen bei der Art des Unternehmens von der Rechtsform. Diese ist sehr wichtig, weil sie festlegt, unter welchen Bedingungen Influencer arbeiten, wie mit Einnahmen und Ausgaben umgegangen wird, ob Gewerbesteuer gezahlt werden muss und was passiert, wenn das Unternehmen expandiert … oder scheitert.

T. Siegel, F. Siegel, *Steuertipps für YouTuber, Blogger und Influencer*, https://doi.org/10.1007/978-3-658-30502-4_3

Dieser letzte Punkt ist besonders wichtig! Denn grob vereinfacht gesagt können Influencer zwischen zwei Formen von Unternehmen wählen, die sich vor allem dadurch unterscheiden, wer bei Verlusten oder Insolvenz die Haftung übernimmt … anders gesagt: Wer für die Schulden einstehen muss.

Wenn der Influencer als Einzelunternehmer oder in Form einer Personengesellschaft arbeitet, so haftet er bei Verlusten mit allem, was er besitzt … auch mit seinem Privatvermögen! Auf diese Unternehmensformen gehen wir in Abschn. 3.3 genauer ein. An dieser Stelle sei nur kurz erwähnt, dass jeder Influencer automatisch Einzelunternehmer wird, sobald er seine Tätigkeit bei Finanzamt oder Gewerbeamt anmeldet.

Bei Kapitalgesellschaften sieht die Lage anders aus: Hier ist die Haftung auf das Vermögen der Gesellschaft beschränkt ist. Im Abschn. 3.4 gehen wir auf verschiedene Arten dieser Rechtsform ein.

Zu Beginn müssen Influencer jedoch klären, welche Art von Tätigkeit sie ausüben:

1. Ist die Tätigkeit freiberuflich oder gewerblich einzuordnen?
2. Ist der Influencer im Sinne des Handelsgesetzbuches ein Kaufmann?

3.1 Gewerblich oder Freiberufler?

Gewerblich oder freiberuflich? Zunächst ist dies nur eine Frage nach der Art der Einkünfte. Die Antwort hat allerdings Konsequenzen, die sich auch auf die Wahl der Rechtsform auswirken. Deshalb muss sie zuerst beantwortet werden.

3.1.1 Gewerblich tätige Influencer

Ganz einfach gesprochen: Mit gewerblichen Tätigkeiten sind alle selbstständig ausgeübten Tätigkeiten gemeint, bei denen Gewinne erzielt werden sollen. Im Gesetz steht dann noch etwas von „planmäßig ausgeführt“ und „auf eine gewisse Dauer angelegt“: Letztlich läuft es darauf hinaus, dass es um eine Handlung geht, die mit dem Ziel ausgeübt wird, Geld zu verdienen.

Es gibt nur eine große Ausnahme: Das sind die freiberuflichen Tätigkeiten. Auf diese gehen wir gleich ein. Die große Mehrzahl der Influencer verdient jedoch mit Tätigkeiten Geld, die in der einen oder anderen Form zur Werbung gehören, und diese gehört eindeutig zu den gewerblichen Tätigkeiten. Das hat einige Konsequenzen:

1. Gewerblich tätige Influencer müssen ein Gewerbe bei ihrem zuständigen Gewerbeamt anmelden
2. Sie unterliegen der Gewerbesteuerpflicht (mehr dazu im Abschn. 2.2)
3. Sie müssen prüfen, ob sie aufgrund ihrer Tätigkeit verpflichtet sind, sich als Mitglied bei der Industrie- und Handelskammer anzumelden
4. Sie müssen prüfen, ob sie Kaufmann im Sinne des Handelsgesetzbuches sind (mehr dazu weiter unten im Abschn. 3.2)

3.1.2 Freiberuflich tätige Influencer

Influencer gehen einer freiberuflichen Tätigkeit nach, wenn ihre persönliche Ausbildung eng mit der beruflichen Selbstständigkeit verknüpft ist. Grundsätzlich ist es sehr vorteilhaft, als Freiberufler eingestuft zu werden: Freiberufler zahlen keine Gewerbesteuer, müssen weder Buchhaltung oder Inventur machen noch Bilanzen aufstellen. Stattdessen arbeiten sie mit einer Einnahmen-Überschuss-Rechnung, wodurch die Gewinnermittlung stark vereinfacht wird. Kurz: Freiberufler haben viel weniger bürokratischen Aufwand und sparen bares Geld, falls an ihrem Wohnort ein Gewerbesteuer-Hebesatz von über 380 % gefordert wird!

Die einzige Pflicht für Freiberufler besteht darin, dass sie ihre Tätigkeit beim Finanzamt anmelden und dabei eine Steuernummer beantragen, die sie anschließend auf allen Rechnungen angeben müssen.

Zur Versteuerung ihres Einkommens machen Freiberufler eine Einnahmen-Überschuss-Rechnung. Sie ist die einfachste Form der Gewinnermittlung: In einer Liste werden alle Einnahmen zusammengerechnet und anschließend alle im jeweiligen Jahr bezahlten Ausgaben abgezogen. Dafür reicht eine simple Excel-Tabelle!

Wahrscheinlich wäre jeder Influencer gerne freiberuflich tätig. Aber leider hat der Gesetzgeber enge Grenzen für Tätigkeiten gezogen, die man als Freiberufler ausüben kann. Für Influencer kommen vor allem wissenschaftliche, künstlerische, schriftstellerische, unterrichtende oder erzieherische Tätigkeiten in Frage. Auch Journalisten oder Bildberichterstatter dürfen ihre Steuern als Freiberufler abrechnen.

Viele Tätigkeiten von Influencern könnten auf den ersten Blick als freiberufliche Tätigkeiten eingestuft werden. Geld verdienen sie aber fast immer mit Tätigkeiten, die zur Werbung gehören. Und die gehören leider unausweichlich zu den gewerblichen Tätigkeiten!

Trotzdem gehen wir hier kurz auf verschiedene Möglichkeiten ein, wie die Einordnung als freiberufliche Tätigkeit bei Influencern möglich wäre.

3.1.2.1 Möglichkeit 1: Künstlerische Tätigkeit

Die entscheidende Frage lautet: Wird der Influencer für Werbung oder für seine künstlerische Tätigkeit bezahlt? Künstlerische Arbeiten zeichnen sich dadurch aus, dass sie persönlich erstellt werden, die Beherrschung einer bestimmten Technik voraussetzen und eine bestimmte „Gestaltungshöhe" erreichen.

Die Zuordnung fällt nicht immer leicht. So kann Werbefotografie sehr kreativ und ansprechend sein, sie kann in manchen Fällen sogar als künstlerisch wertvoll angesehen werden, sie erfordert technische Fertigkeiten und wird auch persönlich erstellt. Laut Gesetz bleibt es trotzdem eine gewerbliche und keine freiberufliche Tätigkeit, weil die Gestaltung der Vermarktung eines Produktes und nicht der künstlerischen Entfaltung des Fotografen dient! Das gilt auch, wenn ein Unternehmen dem Influencer maximale künstlerische Freiheit zugesteht.

Hier einer der seltenen Fälle, wo ein Influencer tatsächlich künstlerisch tätig ist und somit im steuerlichen Sinne als Freiberufler gilt:

Beispiel: Künstlerisch tätiger Freiberufler

Max ist Landschaftsfotograf. Seine Bilder postet er regelmäßig auf Instagram, teils filmt er auch auf eine künstlerische Art und Weise Landschaften und stellt dies auf YouTube ein. Seine Aufnahmen ziehen immer mehr Fans an, seine Follower in den sozialen Medien wachsen. Dadurch werden Tourismusagenturen auf ihn aufmerksam. Max verkauft diesen nun regelmäßig die Rechte an einzelnen seiner Bilder, diese werden für Werbekampagnen in Zeitschriften abgedruckt.

Max ist freiberuflicher Künstler. Seine künstlerische Tätigkeit wird nicht dadurch beeinträchtigt, dass ein Unternehmen seine Bilder für werbliche Zwecke nutzt. Denn die Bilder sind nicht im Auftrag des Unternehmens und für Werbezwecke entstanden, sondern Max blieb beim gesamten Schaffensprozess künstlerisch frei und hat seine Kunstwerke (bzw. die Nutzungsrechte) erst anschließend verkauft. ◀

Gehen wir hier noch kurz darauf ein, wie ein Gegenbeispiel bei demselben Influencer aussehen könnte:

Beispiel: Kein künstlerisch tätiger Freiberufler

Max ist Landschaftsfotograf und hat mit seinen künstlerisch-kreativen Bildern und Videos sehr viele Follower auf Instagram und YouTube gewonnen. Eine Tourismusagentur bittet ihn, solche Bilder in einer bestimmten Region zu machen und anschließend zu teilen. Bei der Gestaltung der Fotos ist Max völlig frei: Es gibt keinerlei Vorgaben, bestimmte Produkte, Hotels oder ähnliches abzubilden.

Selbst wenn die Fotos exakt genauso aussehen wie Fotos, die Max ohne Auftrag gemacht hätte: Aus Sicht des Finanzamtes handelt es sich um eine Auftragsarbeit, die nicht mehr als freiberuflich eingestuft werden kann. Obwohl die Tätigkeit von Max exakt die gleiche bleibt wie im ersten Beispiel, liegt hier eine gewerbliche Tätigkeit vor. ◀

3.1.2.2 Möglichkeit 2: Schriftstellerische Tätigkeit

Auch hier wieder die einfache Frage: Erhält der Influencer Geld für seine schriftstellerische Tätigkeit oder für Werbung? Künstlerischer Anspruch spielt in diesem Zusammenhang übrigens keine Rolle! Bei der Frage, ob es sich um eine freiberufliche Tätigkeit handelt, kommt es nur darauf an, ob ein Text eigene Gedanken schriftlich festhält und ob dieser Text für irgendeine Art von Öffentlichkeit bestimmt ist. Nehmen wir dazu zwei Beispiele:

Beispiel: Schriftstellerisch tätiger Freiberufler

Die junge Autorin Martina betreibt einen Blog, auf dem sie Teile ihrer Werke veröffentlicht und immer wieder auf ihre Bücher hinweist, die der Leser kaufen soll.

Da das Verkaufen ihrer eigenen Texte direkt zu ihrer schriftstellerischen Tätigkeit gehört, bleibt Martina freiberuflich tätige Schriftstellerin. ◀

Nachfolgend noch ein Gegenbeispiel:

Beispiel: Kein schriftstellerisch tätiger Freiberufler

Der junge Autor Joachim stellt seine Gedichte auf einem Blog online, über den er mittels Affiliate-Marketing Einnahmen erzielt.

Der wichtigste Teil der Tätigkeit von Joachim kann ohne Frage weiterhin als schriftstellerisch eingestuft werden. Trotzdem wird seine Tätigkeit als gewerblich eingestuft. Denn seine *Einnahmen* generiert Joachim über die Klicks seiner

Fans, mit denen er Werbeeinnahmen erzielt. Entscheidend ist also, woher das Geld kommt und nicht, womit der Autor selbst sich am meisten beschäftigt. ◀

3.1.2.3 Möglichkeit 3: Unterrichtende, erzieherische oder wissenschaftliche Tätigkeit

In diesem Bereich kommen wir nicht um ein paar Definitionen herum. Von einer unterrichtenden Tätigkeit kann gesprochen werden, wenn Wissen, Fähigkeiten, Fertigkeiten, Handlungsweisen oder Einstellungen durch den Influencer in einer organisierten und institutionalisierten Form an seine Schüler weitergegeben werden. Die Tätigkeit soll also ähnlich ablaufen wie der klassische Schulunterricht.

Bei der Erziehung stammt das Vorbild eher aus dem Kindergarten: Es geht um planmäßige Tätigkeiten zur körperlichen, geistigen und sittlichen Formung junger Menschen. Sie sollen dazu beitragen, dass Menschen die Aufgaben des Lebens selbstständig und eigenverantwortlich bewältigen.

Wissenschaftliche Tätigkeiten sind vor allem mit den Disziplinen verbunden, die an den Hochschulen gelehrt werden. Es geht um hochstehende, besonders qualifizierte Arbeit, bei der schwierige Streit- und Grenzfälle nach streng objektiven und sachlichen Gesichtspunkten gelöst werden.

Trotzdem bleibt die Definition für wissenschaftliche Tätigkeiten etwas heikel: Neben rein schöpferischer oder forschender Tätigkeit soll auch die Anwendung wissenschaftlicher Erkenntnisse auf konkrete Vorgänge dazu zählen. Zugleich gelten Forschung auf Basis praktischer Erfahrung und praxisorientierte Beratung aber nicht als wissenschaftliche Tätigkeiten.

Versuchen wir, uns diesen freiberuflichen Tätigkeiten anhand von konkreten Beispielen bestimmter Influencer zu nähern:

Beispiel: Kein unterrichtend tätiger Freiberufler

Julia hat viel Erfahrung in der Marketingbranche gesammelt. Sie lässt sich als Coach ausbilden und führt regelmäßig Seminare zum Thema Influencer-Marketing durch. Um ihre Zielgruppe gut zu erreichen, bewirbt Julia ihre Seminare ausgiebig auf Instagram und YouTube. Sie postet dort regelmäßig informative Beiträge, wie Influencer noch besser werden können.

Julia vermittelt zwar Wissen. Ihr fehlt es aber ganz klar an einer organisierten und institutionalisierten Form der Wissensweitergabe. Daher sind ihre Einkünfte nicht freiberuflich, sondern gewerblich. ◀

Julia hätte eine Chance, ihre Arbeit als unterrichtende Tätigkeit durchgehen zu lassen, wenn sie Videos zu wissenschaftlichen Erkenntnissen aus der Marketing Forschung erstellt und diese auf konkrete Beispiele von Influencern anwendet.

Dies wäre ein Grenzfall. Falls Julia sich eher auf die Lösung konkreter marketingtechnischer Probleme konzentriert oder auf ihre Coaching-Tätigkeit hinweist, wird ihre Tätigkeit weiterhin als gewerblich gelten müssen. Stellt Julia jedoch die Vermittlung wissenschaftlicher Erkenntnisse in den Vordergrund, könnte ihre Tätigkeit als freiberuflich eingestuft werden. Das setzt allerdings voraus, dass sie vor allem über den Verkauf der Videos, zum Beispiel an Verlage, ihr Geld verdient!

Julia könnte aber auch von Anfang an ein anderes Geschäftsmodell wählen und so sicher gehen, dass ihre Arbeit als freiberufliche unterrichtende Tätigkeit eingestuft wird:

Beispiel: Unterrichtend tätiger Freiberufler

Julia hat ihre Tätigkeit als Marketing-Coach im Bereich Influencer-Marketing weiter ausgebaut: Zusammen mit einer Hochschule entwickelt sie einen sechswöchigen Kurs für angehende Influencer, den sie mehrmals im Jahr anbietet. Sie vermarktet den Kurs fleißig über die sozialen Medien.

Da Julia ihr Wissen nun in institutionalisierter Form vermittelt und damit auch ihr Geld verdient, kann sie dies als freiberufliche unterrichtende Tätigkeit deklarieren. ◀

Erzieherische Tätigkeiten spielen bei Influencern selten eine Rolle, da dafür normalerweise persönlicher Kontakt notwendig ist. Es ist denkbar, soziale Medien zu nutzen, um erzieherische Tätigkeiten zu bewerben. Dann reden wir aber nicht mehr über Influencer, die mit den sozialen Medien selbst Geld verdienen.

Deshalb zum Abschluss ein Beispiel für eine wissenschaftliche Tätigkeit:

Beispiel: Wissenschaftlich tätiger Freiberufler

Daniel und Richard betreiben seit einigen Jahren einen Podcast, in dem sie zu aktuellen Themen aus der Geschichtswissenschaft berichten. Ihr Podcast ist kostenfrei im Netz verfügbar, Hörer können aber freiwillig etwas spenden.

Hier ist zwar von „Spenden“ die Rede, da freiwillig gezahlt wird. Aus Sicht des Finanzamtes handelt es sich jedoch um ganz normale Einnahmen. Dementsprechend müssen sie versteuert werden. Da der Podcast die Vermittlung von wissenschaftlichen Erkenntnissen zum Ziel hat, liegt bei Daniel und Richard eine freiberufliche Tätigkeit vor. ◀

3.1.2.4 Möglichkeit 4: Journalist oder Bildberichterstatter

Die meisten Influencer schreiben und veröffentlichen Texte oder teilen von ihnen selbst erstellte Bilder und Videos. Journalisten und Bildberichterstatter tun letztlich nichts anderes. Sie erfüllen jedoch weitere Kriterien, die dafür sorgen, dass sich nur wenige Influencer auf diesem Weg als Freiberufler bezeichnen und entsprechend Steuern abführen dürfen.

Ursprünglich wurde diese Kategorie freiberuflicher Tätigkeiten für all diejenigen geschaffen, die Beiträge für Zeitungen, Zeitschriften, Film, Rundfunk oder Fernsehen erstellen. Es geht vor allem um Informationen zur Gegenwart, um Stellungnahmen, Kommentare und kritische Auseinandersetzungen mit Ereignissen auf politischem, gesellschaftlichem, wirtschaftlichem oder kulturellem Gebiet.

Ob dies schriftlich, mündlich oder in Form von Bildern und Videos geschieht, ist dabei nicht wichtig. Und selbstverständlich können auch das Internet und soziale Medien zum Verbreiten dieser Informationen verwendet werden. Doch auch hier gilt wieder: Wird mit dem Informationsbeitrag selbst Geld verdient oder mit der damit verbundenen Werbung?

Hier ein Beispiel dazu:

Beispiel 1: Kein journalistisch tätiger Freiberufler

Der YouTuber Markus erstellt Videos, in denen er verschiedene Laptops testet, ohne dafür von den jeweiligen Herstellern bezahlt oder gesponsert zu werden. Er legt großen Wert auf das, was er seine „journalistische Unabhängigkeit“ nennt.

Trotzdem handelt es sich zumindest aus Sicht des Finanzamtes nicht um eine journalistische Tätigkeit, da Markus Produkte testet und damit die kritische Auseinandersetzung auf politischem, gesellschaftlichem, wirtschaftlichem oder kulturellem Gebiet fehlt.

Dies gilt umso mehr, weil Markus seine Einnahmen über Affiliate-Marketing und von YouTube eingefügte Werbespots verdient. Es liegen daher ausschließlich gewerbliche Einkünfte vor. ◀

Nehmen wir ein weiteres Beispiel von einem Influencer, den wahrscheinlich die meisten kennen:

Beispiel 2: Kein journalistisch tätiger Freiberufler

Der bekannte YouTuber Rezo erstellt unter anderem Videos mit politischem und gesellschaftskritischem Inhalt. Fast jeder in Deutschland hat von ihm oder zumindest von seinem Videobeitrag „Die Zerstörung der CDU“ im Rahmen der

Europawahl 2019 gehört. Er schreibt inzwischen auch eine Kolumne für ZEIT ONLINE.

Obwohl Rezos Tätigkeit der Arbeit eines Journalisten stark ähnelt, geht er einer gewerblichen Tätigkeit nach und ist somit kein Freiberufler, solange er sein Geld hauptsächlich mit Werbeeinnahmen von YouTube verdient. ◄

Ist es also vollkommen unmöglich, als Influencer zugleich auch Journalist zu sein? Natürlich nicht! Deshalb hier ein Beispiel dafür:

Beispiel: Journalistisch tätiger Freiberufler

Autor und Fotograf Anton berichtet auf seinem Instagram-Account von seinen Reisen in asiatische Länder. Er postet Fotos, die insbesondere die sozialen Missstände in den Ländern zeigen. In Videos interviewt er Betroffene vor Ort. Sein Geld verdient Anton durch Aufträge von Medien, aber auch durch Spenden aus seiner Fangemeinde. Alle Werbekooperationen lehnt Anton strikt ab.

Spenden von Fans zählen hier zu Einnahmen, die versteuert werden müssen. Durch seine kritische Auseinandersetzung mit politischen und gesellschaftlichen Themen mittels Bildern ist Anton Bildberichterstatter und erzielt seine Einkünfte aus freiberuflicher Tätigkeit. ◄

Natürlich könnte man argumentieren, dass Anton damit kein Influencer mehr ist, weil er sein Geld nicht durch die sozialen Medien selbst verdient. Aber tatsächlich ist genau das der entscheidende Punkt, um gewerbliche und freiberufliche Tätigkeiten voneinander zu unterscheiden: Influencer führen nur dann eine wissenschaftliche, künstlerische, schriftstellerische, unterrichtende, erzieherische oder journalistische Tätigkeit aus, wenn sie auch genau dafür bezahlt werden!

3.1.2.5 Gewerbliche Infizierung

Kommen wir noch zu einem Sonderfall: der sogenannten „Gewerblichen Infizierung“! Es kann nämlich passieren, dass eine freiberufliche Tätigkeit durch damit verbundene gewerbliche Tätigkeiten ihren Status der Freiberuflichkeit verliert. Die gewerbliche Tätigkeit „infiziert“ in diesem Fall die freiberufliche Tätigkeit, so dass sie ebenfalls als gewerblich eingestuft wird.

Das passiert jedoch nur, wenn bei der gewerblichen Tätigkeit ein Nettoumsatz (= ohne Umsatzsteuer) von mehr als 24.500 Euro im Jahr gemacht wird und dieser mehr als 3 % des gesamten Nettoumsatzes ausmacht. Nehmen wir uns dazu noch einmal das Beispiel vom künstlerisch tätigen Landschaftsfotografen aus Abschn. 3.1.2.1 vor:

Beispiel: Gewerbliche Infizierung

Landschaftsfotograf Max fokussiert sich im Laufe seine Karriere auf Videos von Landschaften und veröffentlicht diese auf YouTube. Er wird international immer bekannter und hat nun die Möglichkeit, am YouTube-Partnerprogramm teilzunehmen, wozu er sich anmeldet. Der Erfolg überrascht ihn selbst: Gleich im ersten Jahr nimmt Max 30.000 Euro durch die vor seine Videos geschaltete Werbung auf YouTube ein. Das macht die Hälfte seines gesamten Nettoumsatzes aus.

Durch diese neue Einnahmequelle werden nun alle Tätigkeiten von Max als gewerbliche Tätigkeiten eingestuft … auch der Verkauf von Bildern an Tourismusagenturen, der zuvor eindeutig als freiberufliche Tätigkeit galt. ◀

3.1.2.6 Kombination von gewerblicher und freiberuflicher Tätigkeit

Um die Möglichkeit einer gewerblichen Infizierung zu umgehen, kann die gewerbliche Tätigkeit in ein separates Unternehmen ausgegliedert werden. Dies ist in vielen Fällen relativ unkompliziert zu bewerkstelligen: So kann ein freiberuflich tätiger Influencer eine separate Einzelunternehmung für seine gewerblichen Tätigkeiten gründen (mehr dazu in Abschn. 3.3). Voraussetzung dafür ist allerdings, dass sich beide Arbeitsbereiche sauber voneinander trennen lassen.

Modifizieren wir dazu noch einmal das oben genannte Beispiel:

Beispiel: Kombination gewerbliche und freiberufliche Tätigkeit

Max ist Landschaftsfotograf und macht zusätzlich Videos. Seine Landschaftsfotos und seine Aktivitäten auf Instagram laufen bei ihm als freiberufliche Tätigkeit: Hier erzielt Max keinerlei Einnahmen durch Werbung. Für seine Videos und die Aktivitäten auf YouTube gründet Max eine separate Einzelunternehmung, da er hier auch Geld durch Werbung einnimmt. Er führt für jeden Bereich separate Konten und achtet darauf, Einnahmen und Ausgaben aus beiden Bereichen voneinander zu trennen.

Alle Umsätze von Max laufen über eine einheitliche Umsatzsteuernummer, er trennt jedoch auch hier sauber zwischen seinen gewerblichen und seinen freiberuflich erzielten Einnahmen und Ausgaben. Bei der Steuererklärung gibt Max Einnahmen aus freiberuflicher und gewerblicher Tätigkeit separat an, hierfür gibt es entsprechende Anlagen-Formulare. Er versteuert den zusammengerechneten Gewinn aus beiden Tätigkeiten. ◀

Allgemein gilt: Die freiberufliche Tätigkeit und die gewerbliche Tätigkeit müssen komplett unabhängig voneinander ausgeübt werden können. Im Zweifelsfall sollte ein Steuerberater aufgesucht werden.

Zum Abschluss noch eine persönliche Anmerkung: Uns ist klar, dass eine gewerbliche Tätigkeit zunächst mehr Aufwand bedeutet. Davon sollte sich jedoch kein Influencer abschrecken lassen, wenn sich ihm die Chance auf lukrative Geschäftstätigkeiten bietet. Auch wenn die Aufzählung der verschiedenen Pflichten und der zu beachtenden Detailfragen hier viel Platz einnimmt: Wer einmal fertig angemeldet ist und verstanden hat, wie die Abrechnung erfolgt, der hat diese bürokratischen Arbeiten schnell erledigt. Das gilt insbesondere dann, wenn alle relevanten Rechnungen und Quittungen an einem Ort gesammelt werden und damit sämtliche erforderlichen Zahlen schnell griffbereit sind.

3.2 Kaufmann oder nicht Kaufmann?

Gleich vorneweg: Für Influencer, die einer freiberuflichen Tätigkeit nachgehen, ist dieses Kapitel nicht relevant.

Wer jedoch einer gewerblichen Tätigkeit nachgeht, der muss als nächstes prüfen, ob er auch als Kaufmann tätig ist. Das dürfte auf die meisten Influencer, die mit ihrer Tätigkeit gutes Geld verdienen, zutreffen. Schließlich spielen Werbung und Marketing dabei fast immer eine entscheidende Rolle: In gewisser Weise zeichnet ja genau das die Tätigkeit als Influencer aus! Und sowohl Werbung als auch Marketing gehören nun einmal zu den kaufmännischen Tätigkeiten. Der Status als Kaufmann bringt gewisse Pflichten mit sich, auf die wir hier eingehen.

3.2.1 Influencer als Kleingewerbe

Nachdem wir jetzt aber praktisch jeden Influencer glücklich zum Kaufmann gemacht haben, können wir gleich im Anschluss daran beruhigen: Die meisten Influencer dürften nach den Vorgaben des Handelsgesetzbuches als Kleingewerbetreibende gelten, die nicht von kaufmännischen Pflichten betroffen sind. Kleingewerbetreibende sollten hierbei übrigens nicht mit dem für die Versteuerung wichtigen Kleinunternehmer verwechselt werden (siehe Abschn. 2.3.2)!

Denn die Pflichten eines Kaufmanns betreffen nur Influencer, deren gewerbliche Tätigkeit „nach Art und Umfang kaufmännische Einrichtungen erfordert", wie das Handelsgesetzbuch vorgibt. Entscheidend ist dabei die Formulierung „nach Art und Umfang": Sowohl die Art als auch der Umfang der Tätigkeit des Influencers dürfen nicht über ein gewisses Maß hinaus gehen, wenn sie als „kleingewerblich" gelten soll.

Konkrete Angaben, was genau damit gemeint ist, finden sich im Handelsgesetzbuch zwar nicht. Wir versuchen hier anhand unserer Erfahrung und verschiedener Quellen eine Orientierung zu bieten.

Zunächst zur „Art" der Tätigkeit: Hier geht es vor allem um die Vielfalt der Leistungen und Geschäftsbeziehungen. Wird umfangreich Werbung gemacht? Gibt es Kooperationen mit vielen verschiedenen großen Unternehmen?

Grob zusammengefasst würden wir es so einschätzen, dass bei einem Influencer KEIN Kleingewerbe vorliegt, wenn er …

… auf mehreren verschiedenen Social Media-Kanälen umfassend und erfolgreich aktiv ist
… zusätzlich zu lukrativen Aktivitäten auf Social Media einen Onlineshop betreibt
… viele verschiedene Kooperationen mit namhaften Unternehmen eingeht
… umfangreiche Werbung schaltet
… als Vorbild für viele andere Influencer dient und in einer breiten Öffentlichkeit präsent ist (Beispiele dafür wären Einladungen zu wichtigen Talk-Shows oder großen Diskussionsrunden auf Messen)

Soviel zu möglichen „Arten" kaufmännischer Tätigkeit, nun zu deren „Umfang", der sich unter anderem in Zahlen messen lassen kann. Auch hier fehlen im Handelsgesetzbuch konkrete Hinweise, um Influencer eindeutig als kaufmännisch tätiges Kleingewerbe oder als Kaufmann zuzuordnen. Auf der Webseite der IHK Berlin und anderer IHK gibt es hierzu jedoch eine gute Orientierung.

Ein vielfach genannter Wert besagt zum Beispiel, dass es kaufmännische Einrichtungen erfordert, wenn im Bereich Dienstleistungen mindestens 175.000 Euro Umsatz im Jahr anfallen. Diese Summe dürften nur wenige sehr erfolgreiche Influencer erreichen. Weitere oft erwähnte Kriterien: Mehr als 5 Beschäftigte, mehr als 100.000 Euro Betriebsvermögen, gewerbliche Kredite über mehr als 50.000 Euro oder mehr als eine Niederlassung.

Gerade bei Influencern könnte auch die Zahl der Follower berücksichtigt werden – wer 100.000 Follower oder mehr hat, dessen Tätigkeit kann kaum noch als Kleingewerbe bezeichnet werden.

Alle Influencer, die unterhalb der für die verschiedenen Bereiche genannten Grenzwerte liegen, haben mit hoher Wahrscheinlichkeit ein Kleingewerbe und können somit den Rest dieses Kapitels ignorieren. Es sei hier allerdings noch darauf hingewiesen, dass auch Kleingewerbetreibende die Möglichkeit haben, sich ins Handelsregister eintragen zu lassen, womit sie dann auch die entsprechenden Verpflichtungen als Kaufmann erfüllen müssen.

3.2.2 Kaufmännisch tätige Influencer

Mit dem Status des Kaufmanns kommen auf Influencer einige Verpflichtungen zu, nämlich: ins Handelsregister eintragen, Buchhaltung machen, Inventur durchführen und Bilanzen aufstellen. Hört sich aufwendig an? Das muss es nicht sein! Also Schritt für Schritt:

1. Für den Eintrag ins Handelsregister braucht es einen Notar: Das kostet etwas Geld, ist ansonsten aber schnell gemacht.
2. Buchhaltung bedeutet letztlich nur, dass Herkunft und Höhe von Ausgaben und Einnahmen mit Datum aufgelistet werden: Das dürfte für jeden geschäftlich tätigen Influencer ohnehin wünschenswert sein, um den Überblick auf die eigenen Finanzen zu behalten.
3. Inventur erfordert minimalen Zeitaufwand, wenn keine Waren verkauft werden. Auch hier: Es ist sicherlich gut zu wissen, was alles zur geschäftlichen Ausstattung gehört und somit bei Verkauf als gewerbliche Einnahme anzugeben ist. Und falls doch Waren verkauft werden, ist es normal und wünschenswert zu prüfen, was noch alles auf Lager ist und was ggf. nachbestellt werden muss.
4. Noch kürzer fallen Bilanzen aus: Hier muss in erster Linie aufgelistet werden, welches Vermögen und welche Schulden das Unternehmen vorzuweisen hat. Bei Influencern sind das am Anfang oft nur wenige Zahlen! Und auch hier gilt: Will man nicht sowieso wissen, wie man finanziell aufgestellt ist?

Eine weitere wichtige Folge für kaufmännisch tätige Influencer sind gewisse Formalitäten bei Geschäftsbriefen und Emails. Sie müssen folgende Informationen enthalten:

1. die Firma samt Adresse, wie sie im Handelsregister eingetragen ist, dazu die Nummer, unter der das Unternehmen im Handelsregister aufgeführt ist, ggf. zusätzlich noch der Ort der Handelsniederlassung
2. die Rechtsform der Firma bzw. bei Einzelkaufleuten die Bezeichnung „eingetragener Kaufmann", „eingetragene Kauffrau" oder eine allgemein verständliche Abkürzung dieser Bezeichnung („e.K.", „e.Kfm." oder „e.Kfr.")

Der Aufwand ist hier kaum der Rede wert: Einmalig die Signatur im Mailprogramm und die Brief- und Rechnungsvorlagen angepasst – fertig!

Der Vollständigkeit halber soll hier noch erwähnt werden, dass bei bestimmten Rechtsformen weitere Angaben nötig sind. Eine GmbH muss z. B. den Sitz der Gesellschaft, das zuständige Registergericht, die Registernummer und alle Geschäftsführer sowie (falls vorhanden) den Vorsitzenden des Aufsichtsrats mit dem Familiennamen und mindestens einem ausgeschriebenen Vornamen nennen. Sind die Gesellschafter keine natürlichen Personen, müssen stattdessen die beteiligten Firmen genannt werden.

Auch das ist mit einer einmaligen Anpassung der entsprechenden Vorlagen erledigt. Wenn Influencer auf diesem Niveau unterwegs sind, dürften derartige formale Kleinigkeiten kaum der Rede wert sein.

Abschließend sei noch erwähnt, dass für kaufmännisch tätige Influencer unter bestimmten Umständen Buchhaltung, Inventur und Bilanz wegfallen kann. Das ist möglich, wenn der Influencer Einzelkaufmann ist und somit nicht mit anderen Kaufleuten zusammen tätig ist. Wenn dann der Jahresumsatz in zwei aufeinanderfolgenden Jahren unter 600.000 Euro UND der Gewinn unter 60.000 Euro lag, darf der Influencer im darauffolgenden Geschäftsjahr auf Buchhaltung, Inventur und Bilanz verzichten.

3.2.3 Kaufmann oder nicht Kaufmann – konkrete Beispiele

Nehmen wir zunächst ein Beispiel für einen Influencer, der nicht kaufmännisch tätig ist:

Beispiel: Kleingewerbe

Nicola ist eine umtriebige Mikro-Influencerin für Superfood und hat bereits für einige einschlägige Firmen Posts auf Instagram erstellt. Darüber hinaus hat sie noch keine anderen Tätigkeiten aufgenommen. Inklusive des Werts der ihr überlassenen Superfood-Produkte betrug ihr Umsatz im letzten Jahr 20.000 Euro.

Damit ist Nicola unstreitig Kleingewerbetreibende. Die Art ihrer Tätigkeit ist eingeschränkt und lediglich auf das Posten von gesponserten Posts beschränkt, auch ist ihr Umsatz zu gering. ◀

Bei Nicola ist die Zuordnung einfach. Nehmen wir jetzt mal einen Fall, der nicht so einfach zuzuordnen ist:

Beispiel: Grenzfall – Kleingewerbe oder Kaufmann?

Herbert betreibt einen YouTube-Kanal, in dem er neue Autos namhafter Autohersteller testet. Er fliegt dazu weltweit zu Automessen und Shows und konnte dadurch gute Kontakte zur Industrie knüpfen. Seine Videos finden große Beachtung, weshalb schon mehrere Auto-Shows im Fernsehen auf seine Beiträge verwiesen haben. Neben Werbeeinnahmen durch die YouTube-Partnerschaft verdient Herbert auch Geld durch Kooperationen mit Autofirmen, die Herbert für einige Videos direkt bezahlen. Sein Umsatz im letzten Jahr betrug 120.000 Euro, sein Gewinn 50.000 Euro.

Herbert ist ein Grenzfall! Insbesondere die Art seiner Tätigkeit als Influencer lässt einen in kaufmännischer Weise eingerichteten Geschäftsbetrieb erforderlich erscheinen: Er ist international tätig, hat umfangreiche Geschäftsbeziehungen und erzielt Einkünfte aus mehreren Tätigkeiten (Werbeeinnahmen und bezahlte Videos). Daher könnte Herbert sehr wohl als Kaufmann eingeordnet werden, obwohl sein Umsatz deutlich unter der Grenze von 175.000 Euro liegt. Da Herberts Gewinn unter 60.000 Euro liegt, ist er aber zumindest von der Buchführungspflicht befreit. ◀

Anhand dieses Beispiels möchten wir verdeutlichen, wie sich die Einordnung im Laufe einer Influencer-Karriere verändern kann:

Beispiel: Vom Kleingewerbe zum Kaufmann

Herberts YouTube Kanal wächst stetig! Hatte er im ersten Jahr noch – wie oben angegeben – einen Umsatz von 120.000 Euro und einen damit verbundenen Gewinn von 50.000 Euro, beträgt sein Umsatz im zweiten Jahr schon 150.000 Euro. Der Gewinn steigt auf 58.000 Euro.

Herbert beschließt deshalb, sich als Kaufmann im Handelsregister eintragen zu lassen. Da der Umsatz unter 600.000 Euro und der Gewinn unter 60.000 Euro bleibt, kann Herbert jedoch weiter auf Buchhaltung, Inventur und Bilanz verzichten.

Im dritten Jahr erhält Herbert Einladungen zu mehreren Talkshows. Durch wachsende Werbeeinnahmen per YouTube und zwei von Herstellern geschenkte Autos beträgt sein Umsatz 250.000 Euro. Da Herbert beide Autos behält, steigt sein Gewinn auf 150.000 Euro.

Im darauffolgenden Jahr muss Herbert jetzt auch Buchhaltung machen und eine Bilanz und ein Inventar erstellen. ◀

Und nun noch ein Beispiel für einen Influencer, der eindeutig Kaufmann ist:

Beispiel: Kaufmann

Nina ist begeisterte Fitnessbloggerin. Auf YouTube und Instagram postet sie regelmäßig Videos mit Fitnesstipps, bei denen sie sich selbst beim Trainieren filmt. Dabei zieht sie oft Sportkleidung namhafter Hersteller an, die sie unter ihren Videos verlinkt und so Werbeeinnahmen erzielt. Zusätzlich ist sie als Fitness-Model auf einigen internationalen Sportmessen tätig und betreibt zusammen mit ihrem Mann einen Online-Shop für Fitness-Nahrung. Ihr Umsatz im vergangenen Jahr lag bei 500.000 Euro.

Nina ist unstrittig Kauffrau, sowohl von der Art als auch vom Umfang ihrer Tätigkeiten her: Sie verdient ihr Geld mit verschiedensten Tätigkeiten, ist international tätig und liegt auch beim Umsatz mit 500.000 Euro deutlich über der Grenze für Kleingewerbe. ◀

Zum Abschluss möchten wir noch einmal zusammenfassen:

Gewöhnliche Influencer, die mit gesponserten Videos, Affiliate-Werbung und ähnlichen Tätigkeiten einen Umsatz im fünfstelligen Bereich machen, können davon ausgehen, Kleingewerbetreibende zu sein. Wer jedoch die Chance hat, seine Geschäftstätigkeit zu erweitern und dadurch Kaufmann wird, sollte sich nicht allein aufgrund des bürokratischen Aufwandes dagegen entscheiden! Nötigenfalls kann ein Steuerberater viele ungeliebte Aufgaben abnehmen.

3.3 Unternehmensformen ohne Haftungsbeschränkung

Nachdem die Fragen nach freiberuflicher oder gewerblicher sowie kleingewerblicher oder kaufmännischer Tätigkeit geklärt sind, können wir nun auf die Rechtsformen selbst eingehen. Influencer haben hier die Wahl zwischen Unternehmensformen mit beschränkter Haftung und solchen ohne Haftungsbeschränkung. Mit letzteren fangen wir an, da sie weniger Aufwand mit sich bringen, kein Mindestkapital erfordern und deshalb unter Influencern am weitesten verbreitet sind. Zu ihnen gehören Einzelunternehmungen und Personengesellschaften.

„Keine Haftungsbeschränkung" bedeutet: Der Influencer haftet für alle Verbindlichkeiten seines Betriebs – also z. B. bei Verpflichtungen aus laufenden Verträgen, im Fall eines Schadens, bei Schulden und nicht bezahlten Rechnungen – sowohl mit dem Vermögen des Betriebs als auch mit seinem privaten Vermögen.

Rechnungen und Schulden dürften selbsterklärend sein. Verpflichtungen aus laufenden Verträgen entstehen zum Beispiel durch einen Kooperationsvertrag mit einem Unternehmen – kommt ein Influencer diesen Verpflichtungen nicht nach, wird der Kooperationspartner sein Geld zurückhaben wollen. Mit „Schaden" sollen hier Sonderfälle zusammengefasst werden, die Kosten verursachen. Sie sind vergleichsweise selten, kommen dafür aber meist unerwartet und können im schlimmsten Fall durchaus die Karriere eines aufstrebenden Influencers beenden. Ein typisches Beispiel für einen solchen Schaden wäre z. B. ein selbst verschuldeter Autounfall mit dem gewerblich genutzten Fahrzeug, bei dem kein ausreichender Versicherungsschutz vorliegt.

Ein Schaden kann aber auch vorliegen, wenn ein Influencer sich beleidigend oder geschäftsschädigend äußert und verklagt wird. Die Höhe des Schadens hängt hier natürlich direkt von der Anzahl der Views bzw. der Follower ab. Influencer sollten somit genau wissen, welche Art von Äußerung erlaubt ist und welche nicht.

Aber auch Fehler bei der Tätigkeit selbst können Strafen nach sich ziehen, bei denen Influencer mit ihrem privaten Vermögen haften. Dazu ein Beispiel:

Beispiel: Haftung mit privatem Vermögen

Johanna postet Beiträge auf Instagram, bei denen sie Kleidung von Unternehmen präsentiert, die sie gratis zur Verfügung gestellt bekommt. Sie verdient so auch kleinere Beträge durch Affiliate-Marketing. Johanna hat ihre Tätigkeit schon professionell aufgezogen, ein Gewerbe angemeldet und ein Bankkonto für ihre Influencer-Tätigkeit eingerichtet, auf dem sie 500 Euro Guthaben hat.

Allerdings macht Johanna sich nicht die Mühe, ihre Beiträge auch immer als Werbung zu kennzeichnen. Deshalb bekommt sie nun schon die dritte Abmahnung eines Vereins, der gegen unlauteren Wettbewerb im Marketing vorgeht. Vor Gericht wird sie zu einer Strafe von 1000 Euro verdonnert.

Johanna hat ein Gewerbe angemeldet und ist Einzelunternehmerin. Sie haftet damit auch mit ihrem privaten Vermögen. Da sie die 1000 Euro nicht vom betrieblichen Bankkonto bezahlen kann, muss sie auf ihr privates Konto zurückgreifen. Im schlimmsten Fall kann ihr privates Konto sogar gepfändet werden. ◀

Gehen wir nun darauf ein, was die verschiedenen Rechtsformen selbst mit sich bringen.

3.3.1 Einzelunternehmer

Influencer, die alleine als Freiberufler arbeiten oder ein Gewerbe anmelden, sind zunächst automatisch Einzelunternehmer. Dafür muss nichts getan werden. Das bedeutet:

- Freiberuflich tätige Influencer (vgl. Abschn. 3.1.2) werden automatisch Einzelunternehmer, sobald sie ihre Tätigkeit beim Finanzamt anmelden und eine Steuernummer beantragen
- Gewerblich tätige Influencer (vgl. Abschn. 3.1.1) werden automatisch Einzelunternehmer, sobald sie ihre Tätigkeit beim zuständigen Gewerbeamt anmelden

Influencer bleiben auch Einzelunternehmer, wenn sie kaufmännisch tätig sind. Daran ändert weder ein Kleingewerbe noch ein Eintrag ins Handelsregister etwas.

Einzelunternehmer haben keine weiteren Pflichten, die nicht eh schon aus der Einordnung der Tätigkeit (siehe Abschn. 3.1 und 3.2) entstanden sind. Es bedarf keiner besonderen Eintragung in irgendwelche Register, es gibt auch kein mindestens erforderliches Startkapital. Einzige Voraussetzung für die Einordnung als Einzelunternehmer ist, dass der erste Wohnsitz in Deutschland liegen muss.

Für Influencer, die alleine tätig sind und am Anfang ihrer Karriere stehen, ist die Einzelunternehmung daher die ideale Rechtsform, da sie keinen hohen bürokratischen Aufwand mit sich bringt. Sie müssen lediglich Gewerbesteuer, Einkommensteuer, Solidaritätszuschlag und Umsatzsteuer abführen, wobei die Gewerbesteuer für Freiberufler entfällt. Für Schulden (auch Steuerschulden) müssen Influencer dabei mit ihrem gesamten Vermögen einstehen.

Beispiel: Einzelunternehmer

Jan ist ein aufstrebender Influencer auf TikTok und verdient auf der Plattform durch Kooperationen mit Unternehmen jede Menge Geld. Jan hat sich direkt bei Aufnahme seiner Tätigkeit beim Gewerbeamt seiner Stadt als Gewerbetreibender registriert. Mit einem Umsatz von 90.000 Euro im vergangenen Jahr ist Jan Kleingewerbetreibender.

Folge: Mit seiner Registrierung beim Gewerbeamt ist Jan Einzelunternehmer geworden. ◀

3.3.2 Gesellschaft bürgerlichen Rechts – GbR

Genau wie beim Einzelunternehmer entsteht auch eine GbR automatisch, und zwar in dem Moment, wo sich zwei oder mehr Kleingewerbetreibende oder Freiberufler zusammentun. Ausnahme: Wenn Kaufleute sich zusammentun, gründen sie automatisch eine Offene Handelsgesellschaft (oHG) – dazu später mehr!

Der einzige Unterschied zur Einzelunternehmung besteht darin, dass hier nun mehrere Leute beteiligt sind. Eine GbR muss dem Finanzamt gemeldet werden und kann einen eigenen Namen führen. Bei zwei bis drei Gesellschaftern empfiehlt die IHK jedoch, stattdessen die Vor- und Nachnamen der einzelnen Gesellschafter zu verwenden. So oder so muss die GbR mit Name, Adresse und den Namen aller Gesellschafter auf Briefen, Rechnungen und im Impressum von Webseiten angegeben werden.

Ähnlich wie Einzelunternehmer muss auch die GbR Gewerbesteuer, Lohnsteuer und Umsatzsteuer abführen. Die Mitglieder einer GbR sind für die Versteuerung ihrer Gewinnanteile aus der GbR bei der Einkommensteuer selbst verantwortlich. Wie beim Einzelunternehmen muss auch die GbR beim Gewerbeamt angemeldet werden. Freiberufler, die sich zu einer GbR zusammentun, müssen nur eine gemeinsame Steuernummer beim Finanzamt beantragen. Und ... das wars!

Klingt einfach, ist einfach. Ähnlich wie bei Einzelunternehmern bringt eine GbR keine weiteren Pflichten mit sich und auch ein Mindest-Startkapital wird nicht benötigt.

Aus rechtlicher Sicht wird es bei der GbR aber schnell spannend ... und gefährlich! Denn die GbR wird vom Finanzamt als Einheit betrachtet. Das bedeutet unter anderem: Wenn ein Mitglied der GbR Schulden macht, haftet dafür nicht nur er persönlich, sondern JEDES Mitglied der GbR mit seinem GESAMTEN Vermögen! Bei Verträgen müssen immer ALLE Gesellschafter zustimmen. Somit gleicht die locker-formlos gegründete GbR am ehesten einer Heirat: Mit allem Hab und Gut verbunden, in guten wie in schlechten Zeiten!

Besonders pikant ist dies, weil eine GbR durch die Kooperation von Influencern unbeabsichtigt von allein entstehen kann! Dies geschieht ganz schnell, und zwar in dem Moment, wenn zum ersten Mal mit einem gemeinsamen Projekt an mögliche Kunden, Kooperationspartner oder Auftraggeber herangetreten wird. Es kann bereits reichen, ein Angebot per Webseite ins Gespräch zu bringen! In diesem Moment muss die GbR dem Finanzamt gemeldet werden.

Somit benötigt selbst eine GbR, bei der die Gesellschafter Ehepartner sind, fast immer einen Gesellschaftsvertrag, der die internen Beziehungen der Gesellschafter einer GbR untereinander regelt. Vorlagen dafür finden sich zum Beispiel auf den Webseiten von IHK und Handwerkskammern. Es empfiehlt sich jedoch, diese Vorlagen mit Hilfe eines Rechtsanwaltes für die individuellen Bedürfnisse der Gesellschafter anzupassen.

Der Gesellschaftsvertrag regelt unter anderem, wer welche Aufgaben übernimmt, wer welche Entscheidungen trifft, was gemeinschaftlich beschlossen werden muss, wie hoch monatliche Privatentnahmen ausfallen dürfen, wie Gewinne verteilt werden, wie mit Schulden umgegangen wird, kurz: Alles, was zukünftige Konflikte oder Rechtsstreitigkeiten nach sich ziehen könnte.

Wenn Influencer am Anfang ihrer Tätigkeit stehen, können sie ihre Beziehungen in der GbR auch mündlich festlegen. Solche mündlichen Vereinbarungen sind vor Gericht bindend! Wir empfehlen jedoch, selbst einfache und schnell besprochene Vereinbarungen zumindest in den wichtigsten Grundzügen schriftlich festzuhalten: Das kann viel Ärger ersparen, wenn die Influencer-Tätigkeit sich unerwartet gut (oder schlecht) entwickelt. Ein Beispiel dazu:

Beispiel: GbR ohne schriftlich fixierten Gesellschaftsvertrag

Tobi und Tim sind begeisterte Rennradfahrer und haben einen gemeinsamen Blog gestartet, auf dem sie auf Neuerscheinungen in der Branche hinweisen und neue Räder testen. Beide melden sich beim zuständigen Gewerbeamt an. Durch das gemeinsame Blog sind sie somit zusammen als GbR tätig.

Mündlich verabreden Tobi und Tim, den Gewinn aus dem Blog immer 50:50 aufzuteilen. Die Einnahmen kommen durch Affiliate-Marketing und den Verkauf zur Verfügung gestellter Fahrräder zustande.

Zwei Jahre lang starten Tobi und Tim mit ihrem Blog voll durch und gewinnen stark an Reichweite, da sie bei allen wichtigen Radrennen und Messen im deutschen Raum vertreten sind. Nach zwei Jahren zieht sich Tobi jedoch aufgrund eines Sturzes eine schwerwiegende Verletzung zu und muss für drei Monate seine Tätigkeit ruhen lassen. Tim führt währenddessen den Blog in Alleinregie weiter.

Am Ende des Jahres kommt es aufgrund dessen zum Streit zwischen den beiden: Tim möchte aufgrund der drei Monate, die er den Blog allein betrieben hat, einen größeren Anteil am Gewinn ihrer Gesellschaft, während Tobi argumentiert, man habe sich auf 50:50 geeinigt, er habe ja schließlich in der Vergangenheit seinen Teil zur Akquise von Werbepartnern getan und möchte daran auch in Zukunft gerecht beteiligt sein.

Tobi und Tim fehlt es eindeutig an einem festgeschriebenen Gesellschaftsvertrag für ihre GbR, der die Aufteilung des Gewinns in Krankheitsfällen festlegt oder Gewinnauszahlungen an tatsächlich geleistete Arbeit bindet. ◀

Nehmen wir noch ein anderes Beispiel, bei dem es um die Verteilung von Schulden geht:

Beispiel: GbR – Probleme durch ungeklärte Finanzen

Melanie und Bianca betreiben gemeinsam einen YouTube-Kanal, auf dem sie neueste Trends in der Gaming-Branche vorstellen und verschiedene Computerspiele testen. Sie haben beide ein Gewerbe angemeldet und sind zusammen als „Bianca und Melanie GbR“ tätig. Dazu haben sie sich in der Wohnung von Bianca einen Raum mit teuren Gamer-Sesseln, zwei sehr leistungsfähigen PCs und verschiedenen Bildschirmen eingerichtet.

Die Einrichtung hat Bianca im Namen der GbR bei einem großen Elektronikmarkt gekauft. Da ihr Konto zu dem Zeitpunkt leer war, hat sie diese durch die angepriesene 0 %-Finanzierung des Markts finanziert. Über die GbR zahlt sie nun jeden Monat einen gewissen Teil des teuren Einkaufs ab, während Melanie ein bescheidenes Guthaben aufbauen kann.

Da Bianca auch weiterhin knapp bei Kasse ist, schafft sie es ein paar Monate später nicht, die Raten zu bezahlen. Der Elektronikmarkt lässt ihr Konto pfänden, ein Inkasso-Unternehmen nimmt einige wertvolle Dinge mit, unter anderem die Hochleistungs-PCs aus Biancas Wohnung. Dadurch entgeht den beiden eine lukrative Kooperation mit einem Spielehersteller, die ihnen kurz darauf angeboten wird.

Fazit: Bianca wird vom Elektronikmarkt als Haftende für die Schulden verantwortlich gemacht. Untereinander können Bianca und Melanie innerhalb ihrer GbR zwar für einen Ausgleich sorgen. Gläubiger können aber zunächst einmal einen der beiden voll für die Schulden belangen – was in diesem Fall unangenehme Konsequenzen für Bianca hat. ◀

Wenn eine GbR richtig durchstartet, kann es wünschenswert sein, diese in eine GmbH oder eine andere haftungsbeschränkte Rechtsform umzuwandeln. Dies kann jedoch kompliziert werden. Wenn eine haftungsbeschränkte Rechtsform das Ziel ist, besteht auch die Möglichkeit, eine Unternehmergesellschaft zu gründen, genauer: Eine „UG (haftungsbeschränkt)" (siehe hierzu Abschn. 3.4.2).

Da eine GbR rechtlich als eine Einheit gesehen wird, gelten die im Abschn. 3.2 genannten Kriterien und Grenzwerte für die Unterscheidung von Kleingewerbe und Kaufmann nun für die gesamte Gesellschaft. So können mehrere Kleingewerbe gemeinsam eine Kaufmannsgemeinschaft ergeben: In diesem Fall wird aus der GbR eine Offene Handelsgesellschaft (oHG).

3.3.3 Offene Handelsgesellschaft (oHG)

Übersteigt eine GbR mit kaufmännisch tätigen Influencern eine gewisse Größe, muss sie zur oHG umgewandelt werden. Dabei gelten für die GbR als Ganzes genau dieselben Grenzwerte wie für einen einzelnen Influencer, bei dem sich die Frage stellt, ob er noch ein Kleingewerbe betreibt oder als Kaufmann eingestuft werden muss (alle Details dazu in Abschn. 3.2.1).

Ähnliches gilt für die Verpflichtungen. Allein durch ihre Rechtsform hat eine oHG bereits den Status als Kaufmann, muss dementsprechend ins Handelsregister eingetragen werden und muss Pflichten wie Buchhaltung, Inventur und Bilanz erfüllen – im Gegensatz zu Einzelkaufleuten gilt dies bei einer oHG ohne Ausnahme. Ein Beispiel dafür:

Beispiel: Von Einzelunternehmern über GbR zur OHG

Julia, Andreas und Sophia sind Food-Blogger. Jeder von ihnen betrieb bisher ein Kleingewerbe und hatte als Einzelunternehmer mit seinem eigenen Blog einen Umsatz 30.000 Euro. Dadurch musste keiner von ihnen Buchhaltung machen.

Auf einer Messe für exotische Feinkost lernen die drei sich kennen und beschließen, ihre Kräfte in einer GbR zu bündeln. Sie legen ihre Blogs zusammen und können so vielseitiger und umfassender berichten. Die kooperierenden Unternehmen sind sehr angetan, so dass Julia, Andreas und Sophia gemeinsam ihren Umsatz auf 150.000 Euro steigern und einen Gewinn von 80.000 Euro erwirtschaften können.

Damit liegen Andreas, Julia und Sophia gemeinsam über der Grenze von 60.000 Euro Gewinn, bis zu der ihre GbR als Kleingewerbe gilt. Die GbR wird zur oHG, sie müssen sich ins Handelsregister eintragen lassen, Buchhaltung machen sowie Inventur und Bilanz erstellen. Trotzdem sind die drei froh, da sie gemeinsam die Chance sehen, Umsatz und Gewinn weiter auszubauen. ◀

Für eine oHG ist ein Gesellschaftsvertrag verpflichtend, dieser kann aber auch mündlich abgeschlossen und in jeder Beziehung frei gestaltet werden. Die Vorteile einer oHG: Es wird kein Mindestkapital benötigt und die Gesellschafter können fast alles selbst bestimmen! Im Vergleich zur GbR hat eine oHG zudem ein höheres Ansehen bei Kapitalgebern.

Zu den Nachteilen gehört neben den bereits genannten Verpflichtungen die unbeschränkte Haftung aller Gesellschafter mit ihrem Privatvermögen. Diese gilt zwar auch bei der GbR, doch bei einer oHG sind meist höhere Beträge im Spiel, die sich bei Scheitern der Unternehmung für den Einzelnen schnell existenzbedrohend auswirken können. Und auch hier gilt wieder, dass einzelne Gesellschafter einer oHG für das Fehlverhalten anderer Gesellschafter finanziell zur Rechenschaft gezogen werden können.

Außerdem kann eine enge Verbundenheit der Gesellschafter zum Problem werden: Bei Streit und Krankheit, unterschiedlich hohem Engagement sowie beim Ausscheiden eines Gesellschafters kann der Erfolg der gesamten oHG ins Wanken geraten. Deshalb ist es enorm wichtig, für diese Fälle klare Regelungen im Gesellschaftsvertrag festzuhalten.

3.3.4 Kommanditgesellschaft (KG)

Auch eine KG ist eine Personengesellschaft, die allerdings gewisse Gemeinsamkeiten mit einer haftungsbeschränkten Kapitalgesellschaft aufweist. Bei einer KG gibt es zwei Arten von Gesellschaftern:

1. Komplementäre: Diese sind wie Gesellschafter einer GbR oder oHG und haften mit ihrem gesamten Privatvermögen für die Unternehmung
2. Kommanditisten: Diese haften nur mit dem in die Unternehmung eingebrachten Kapital

Eine KG muss per Notar im Handelsregister angemeldet werden und ist immer buchführungspflichtig, benötigt genau wie andere Personengesellschaften jedoch kein Mindest-Startkapital. Zur Gestaltung einer KG wird fast immer die Unterstützung durch einen Rechtsanwalt oder einen Steuerberater benötigt. Für Influencer dürfte diese Rechtsform jedoch nur in Ausnahmefällen interessant sein.

3.4 Unternehmensformen mit Haftungsbeschränkung

Haftungsbeschränkte Gesellschaften werden auch Kapitalgesellschaften genannt. Sie bieten den Vorteil, dass ihre Haftung auf das Vermögen der Gesellschaft beschränkt ist. Kapitalgesellschaft heißen sie, weil der oder die Gesellschafter am Anfang der Unternehmung einen gewissen Betrag in die Gesellschaft einzahlen und so das Startkapital der Gesellschaft bilden.

Grundsätzlich kommen diese Rechtsformen für Influencer eher selten in Frage, weshalb wir hier auch nur kurz auf deren Möglichkeiten eingehen. So oder so werden bei diesen Rechtsformen für die Gründung ein Notar und normalerweise auch Unterstützung durch einen Steuerberater benötigt.

Der Vorteil der beschränkten Haftung kann recht gut an einem Beispiel illustriert werden, dass wir schon in der Einleitung zu Abschn. 3.3 genannt haben:

Beispiel: Beschränkte Haftung

Johanna hat sich von Rückschritten nicht abschrecken lassen und ist mittlerweile ein Star in der Influencer-Branche. Ihre Tätigkeit betreibt sie nun in der Rechtsform einer GmbH, in die sie ein Kapital von 25.000 Euro gesteckt hat.

Johanna bleibt aber fahrlässig bei den Inhalten, die sie postet. So behauptet sie bei einem von ihr beworbenen Gesundheitstee fälschlicherweise, dieser könne Krankheiten wie Krebs heilen. Johanna wird deshalb verklagt und muss insgesamt 30.000 Euro Strafe und Schadenersatz an den Hersteller des Tees zahlen, dessen Ruf durch die Affäre ruiniert ist.

Johanna haftet maximal mit den 25.000 Euro Gesellschaftsvermögen der GmbH für die Strafe und den Schadenersatz. Ihre Firma ist nach der Haftungsinanspruchnahme zwar insolvent, aber Johannas privates Bankkonto wird nicht angerührt. ◀

Der Vorteil der Haftungsbeschränkung wird aber durch viele Nachteile erkauft. So gestalten sich Auszahlungen von Gewinnen an die Gesellschafter deutlich bürokratischer als bei Personengesellschaften. Auch bei der Führung des Betriebs sind viele Formalitäten einzuhalten, zu denen auch regelmäßige Gesellschafterversammlungen und Buchführung gehören.

Bei der Gründung fallen Kosten für den Notar und in aller Regel für einen Steuerberater an. Auch ein notariell beurkundeter Gesellschaftsvertrag ist hier Pflicht. Und wer sich nicht sehr gut in Steuern auskennt, wird auch für den laufenden Betrieb einen Steuerberater benötigen.

In Personengesellschaften zahlt jeder Gesellschafter Einkommensteuer – das ist bei Kapitalgesellschaften ebenfalls anders! Hier zahlt zunächst die „Körperschaft", also die Kapitalgesellschaft selbst, Steuern. Entsprechend nennt sich die Steuer auch Körperschaftssteuer: Diese liegt konstant bei 15 % und wird auf die Gewinne der Kapitalgesellschaft gezahlt. Zusätzlich kommt natürlich noch die Gewerbesteuer hinzu, Kapitalgesellschaften sind nämlich automatisch Gewerbetreibende.

Auf die an Gesellschafter ausgezahlten Gewinne müssen diese jeweils ihre Einkommensteuer zahlen. Allerdings müssen die ausgezahlten Gewinne nur mit einem ebenfalls konstanten Steuersatz von 25 % (Abgeltungssteuer) versteuert werden.

Warum sollte man sich den ganzen Aufwand und die Kosten rund um Kapitalgesellschaften antun? Antwort: Für Influencer macht dies eigentlich nur Sinn, wenn die Tätigkeit mit einem erheblichen finanziellen Risiko einhergeht. Wer zum Beispiel seine Popularität durch provokante Äußerungen erzielt, die gelegentlich bis nah an den Rand der Illegalität gehen, der ist gut beraten, dies im Rahmen einer Kapitalgesellschaft mit begrenzter Haftung zu tun, um bei einer Klage zumindest das private Vermögen sicher behalten zu können. Insbesondere eine GmbH genießt darüber hinaus ein sehr gutes Ansehen, was zum Beispiel hilfreich bei der Aufnahme von Krediten ist.

Ein weiterer wichtiger Punkt: Abgesehen vom Geschäftsführer muss eine Kapitalgesellschaft nicht die Namen der Gesellschafter veröffentlichen, diese genießen Anonymität. Das kann für Influencer sehr wichtig sein, wenn sie ihre Tätigkeit strikt vom Privatleben trennen wollen. Ein Beispiel dazu:

Beispiel: GmbH zum Schutz der Privatsphäre

Die Studentin Clara war bereits früh in der Modell-Branche unterwegs. Schnell stellt sich heraus, dass sie die optimale Figur hat, um Dessous und Bademoden zu präsentieren: Sie wirkt auf Bildern zudem sehr natürlich und sympathisch, weshalb sie großen Erfolg hat. Sie entscheidet sich dafür, Influencerin für Dessous zu werden.

Clara dreht zu diesem Zweck zwei bis dreimal im Monat in verschiedenen Nobelhotels in ganz Europa Videos, in denen sie diverse sehr freizügige Kleidungsstücke vorstellt. Sie arbeitet mit zwei Labels fest zusammen, mit diversen anderen hat sie ein loses Netzwerk. Die Hotels stellen ihr die Zimmer und Suiten mittlerweile kostenlos zur Verfügung. Der Verdienst ist hoch. Allerdings macht Clara auch schlechte Erfahrungen mit Stalkern und zudringlichen Männern.

Deshalb entschließt sich Clara, für ihre Tätigkeit eine GmbH zu gründen und den Wohnort zu wechseln. Da sie für die GmbH einen befreundeten Anwalt als Geschäftsführer einsetzt, kann sie ihren realen Namen und ihre neue Adresse in Zukunft verbergen. ◀

3.4.1 Gesellschaft mit beschränkter Haftung (GmbH)

Die GmbH ist eine sehr angesehene Gesellschaftsform und im deutschen Mittelstand weit verbreitet. Sie muss notariell beglaubigt werden, braucht einen notariell beurkundeten Gesellschaftsvertrag und muss im Handelsregister eingetragen werden. Außerdem müssen Geschäftsführerbestellung und Gesellschafterliste beurkundet werden.

Das hört sich dramatischer an, als es ist. So gibt es ein Musterdokument für Standardgründungen, das alle drei zu beurkundenden Dokumente auf etwas mehr als einer DinA4-Seite zusammenfasst.

Für viele dürfte die Beschaffung des minimalen Stammkapitals von 25.000 Euro eine größere Herausforderung darstellen. Dieses Geld ist zwar als Sicherheit für etwaige Schulden gedacht, kann aber auch direkt in das Unternehmen investiert und für betriebliche Ausgaben verwendet werden.

Insbesondere beim Start der Tätigkeit dürfte die GmbH als Rechtsform für Influencer eher selten sinnvoll sein. Deshalb wollen wir hier nicht näher darauf eingehen, zumal bei der Gründung eine persönliche Beratung durch einen Steuerberater oder Anwalt unumgänglich ist.

3.4.2 Unternehmergesellschaft (UG) (haftungsbeschränkt)

Es gibt die Möglichkeit, eine GmbH mit nur 1 Euro Stammkaptal zu gründen: Diese nennt sich dann Unternehmergesellschaft (UG). Die Gewinne einer UG müssen allerdings immer zu 25 % in eine Rücklage gesteckt werden, bis das für die GmbH nötige Mindestkapital von 25.000 Euro erreicht ist. Dann kann die UG in eine GmbH umgewandelt werden.

Umsonst ist die Gründung einer UG aber auch nicht: Notarkosten für die Gründung einer UG reichen je nach Anzahl der Gesellschafter und der individuell abzustimmenden Teile des Gesellschaftsvertrags von 60 Euro bis 500 Euro. Dazu kommen noch Kosten für einen Anwalt oder Steuerberater, die diesen Prozess begleiten.

UGs werden oft von Handwerkern oder selbstständigen Taxifahrern betrieben. Da sie mit nur 1 Euro an Kapital gegründet werden können, gelten sie im Vergleich zur GmbH allerdings als deutlich weniger vertrauenswürdig. Das wirkt sich auf Geschäftsbeziehungen ebenso aus wie auf die Kreditvergabe von Banken. Damit fällt eines der stärksten Argumente für die Gründung einer GmbH bei der UG weg, während der bürokratische Aufwand dieser beiden Rechtsformen vergleichbar ist.

Influencer sollten sich daher auf jeden Fall beraten lassen, ob eine UG für sie die richtige Rechtsform darstellt.

Literatur

Breithaupt J (2010) § 1 Wesentliche zivilrechtliche Aspekte der Rechtsformwahl. In: Breithaupt J, Ottersbach J (Hrsg) Kompendium Gesellschaftsrecht. Beck, München

Brunckhorst A, Sterzinger C (2018) Ertragsteuerliche Beurteilung von Bloggern, Podcastern und YouTubern. Deutsches Steuerrecht (DStR) 32:1689–1694

Homut R (2018) Einkünfte X.0: Blogger, Influencer, YouTuber & Co. – Steuerliche Aspekte des Social-Media-Bereichs. NWB, Herne, S 1891–1902

Hopt K (2020) § 1 (Ist-Kaufmann). In: Baumbach A, Hopt K (Hrsg) Handelsgesetzbuch. C.H.Beck, München

Hutter U (2018) § 18 EStG. In: Baldauf S et al (Hrsg) Blümich EStG, KStG, GewStG. Franz Vahlen, München

Kirschgens S (2020) Der kaufmännische Geschäftsbetrieb. IHK Berlin. https://www.ihk-berlin.de/service-und-beratung/recht-und-steuern/firma-und-rechtsformen/handelsregister/der-kaufmaennische-geschaeftsbetrieb-2253574. Zugegriffen am 31.03.2020

Smartsteuer (2020) Einkünfte aus selbstständiger Arbeit. https://www.smartsteuer.de/online/lexikon/e/einkuenfte-aus-selbststaendiger-arbeit/#D063026400014. Zugegriffen am 31.03.2020

4 Ausgaben

Zusammenfassung

Was kann als geschäftliche Ausgabe steuerlich geltend gemacht werden und was nicht? Wie ist mit großen Investitionen umzugehen? Was tun, wenn etwas kaputtgeht? Wir erklären hier zunächst allgemein, wie verschiedene Arten von Investitionen das zu versteuernde Einkommen verringern und wie vorgegangen wird, wenn diese sowohl für das Privatvergnügen als auch für die Tätigkeit als Influencer genutzt werden.

Anschließend gehen wir auf die konkreten Arten von Ausgaben ein: von Ausbildungs- und Beratungskosten über Versicherungen bis hin zur Bewirtung, von Firmenwagen und Reisekosten über Arbeitszimmer und doppelte Haushaltsführung bis hin zu technischer Ausrüstung, Bürobedarf und Kosten für Software, Hosting und Internet.

Beschäftigen wir uns nun mit der Frage, welche Ausgaben Influencer von ihren Einnahmen abziehen können. Ein geringeres zu versteuerndes Einkommen reduziert insbesondere Einkommensteuer und Gewerbesteuer, was gerade in der Anfangsphase den Unterschied zwischen „weitermachen" und „Influencer-Tätigkeit aufgeben" ausmachen kann.

T. Siegel, F. Siegel, *Steuertipps für YouTuber, Blogger und Influencer*, https://doi.org/10.1007/978-3-658-30502-4_4

Wir haben dieses Kapitel in zwei Teile aufgeteilt: Zunächst fassen wir im ersten Teil zusammen, was allgemein für alle betrieblichen Ausgaben gilt und in jedem Fall zu beachten ist. Im zweiten Teil listen wir dann verschiedene Ausgaben von A bis Z auf und erklären, was Influencer in jedem speziellen Fall beachten sollten.

4.1 Allgemeinwissen zu Ausgaben

Damit Ausgaben von Einnahmen abgezogen werden dürfen und damit den Gewinn mindern, müssen einige Bedingungen erfüllt werden.

Erste Voraussetzung, die banal klingt, aber nicht immer banal ist: Die Ausgabe muss tatsächlich bezahlt worden sein, was gewöhnlich durch eine Quittung oder eine Rechnung in Kombination mit Kontoauszug belegt werden muss.

Zweite Voraussetzung: Die Ausgabe muss in Zusammenhang mit der Tätigkeit als Influencer stehen. Das klingt zunächst ebenfalls einfach. Doch auch hier muss gelegentlich genauer hingesehen werden, um nicht bei der Steuererklärung böse Überraschungen zu erleben.

4.1.1 Sofortaufwand

Unproblematisch sind Ausgaben, bei denen die Verbindung zur Tätigkeit als Influencer direkt und eindeutig ersichtlich ist: Das gilt zum Beispiel für ein im Rahmen eines Videos vorgeführtes Produkt oder für Reisekosten, wenn die Reise ausschließlich aufgrund der Influencer-Tätigkeit unternommen wird. Steuerlich spricht man in solchen Fällen von „Sofortaufwand“: Etwas wird benötigt, gekauft und sofort für die geschäftliche Tätigkeit verbraucht.

Im Zweifelsfall muss die geschäftliche Nutzung nachgewiesen werden. Nehmen wir zum Beispiel einen Fitness-Blogger, der einen Berglauf macht, sich dabei filmt und nun die Fahrtkosten zum Berg absetzen will. Um die geschäftliche Nutzung zu beweisen, könnte er einen Link angeben, wo er sein Laufvideo zusammen mit Affiliate-Marketing-Links veröffentlicht hat. Wichtig ist dabei vor allem der Affiliate Marketing-Link, idealerweise kombiniert mit nennenswerten Einnahmen in diesem Bereich: Es muss deutlich werden, dass der Lauf mehr war als reines Privatvergnügen! Sonst können die Fahrtkosten auch bei zehntausenden von Followern nicht als Ausgabe geltend gemacht werden!

Beispiel: Sofortaufwand

Jannis ist Tänzer und aufstrebender Influencer auf TikTok. Er verdient sein Geld mit Produktplatzierungen für Lifestyle-Unternehmen. Durch Kooperationen hat er im ersten Geschäftsjahr 15.000 Euro eingenommen. Im gleichen Jahr gibt Jannis 550 Euro für Bahn-Tickets aus, um bei Treffen seiner Fans live vor Ort sein zu können.

Die Bahn-Tickets kauft Jannis, um bei Fans zu sein und damit seine Influencer-Tätigkeit voran zu bringen: Das kann er durch gepostete Bilder und Videos vor Ort leicht nachweisen. Die Kosten setzt Jannis im vollen Umfang als Ausgabe an. ◀

4.1.2 Große Investitionen (über 800 Euro)

Es gibt Fälle, in denen angeschaffte Gegenstände über einen langen Zeitraum genutzt werden. Das gilt insbesondere für große Anschaffungen wie Fahrzeuge, Mobiltelefone, Laptops oder teure Kameras. Hier kommt es auf den Kaufpreis an.

Sollte der Kaufpreis bei über 800 Euro (zzgl. Umsatzsteuer) liegen, kann die Investition nicht sofort und komplett als Ausgabe angegeben werden. Die Anschaffungskosten werden vielmehr auf die gesamte voraussichtliche Nutzungsdauer verteilt und Jahr für Jahr in gleich großen Anteilen als Ausgabe angerechnet. Man spricht hier von einer „Abschreibung“: Statt des Gesamtpreises wird hier lediglich die angenommene Wertminderung des Gegenstandes als Ausgabe vom Einkommen abgezogen. Wenn ein Gegenstand nicht direkt im Januar gekauft wird, muss der Teilbetrag im ersten Jahr auf die Monate tatsächlicher Nutzungsdauer umgerechnet werden.

Da sich über die Nutzungsdauer lange streiten ließe, hat das Bundesfinanzministerium AfA-Tabellen erstellt, wobei AfA für „Absetzung für Abnutzung“ steht. Die Tabellen werden jedes Jahr überarbeitet. Für eine Kamera wird in dieser Tabelle im Jahr 2020 beispielsweise eine Nutzungsdauer von sieben Jahren angegeben.

Neben den Kosten für den Gegenstand selbst bilden zusätzlich auch Anschaffungsnebenkosten wie z. B. Versand- oder Montagekosten die Basis für die Abschreibung eines Gegenstands.

Setzen wir obiges Beispiel fort, um zu zeigen, wie große Anschaffungen sich auf den zu versteuernden Gewinn auswirken:

Beispiel: Großinvestitionen

Jannis ist Tänzer und aufstrebender Influencer auf TikTok. Wie bereits erwähnt, hat er im ersten Geschäftsjahr 15.000 Euro eingenommen und für geschäftliche Zwecke 550 Euro für Bahn-Tickets ausgegeben.

Zudem hat Jannis Anfang Januar eine sehr gute neue Kamera gekauft, die er ausschließlich für seine TikTok-Tätigkeit verwendet. Kosten: 3500 Euro. Für spontane Live-Auftritte, bei denen er seine TikTok-Tänze zu angesagter Musik aufführt, kauft Jannis im Juli eine Outdoor-taugliche Musikanlage für 4500 Euro zuzüglich Versandkosten von 45 Euro.

Für die Kamera kann Janis den Kostenanteil für die vollen 12 Monate abschreiben, da er diese im Januar gekauft hat. Die vom Bundesfinanzministerium festgelegte voraussichtliche Nutzungsdauer für eine Kamera liegt bei sieben Jahren – macht bei 3500 Euro Kosten umgerechnet 500 Euro Abschreibung pro Jahr. Diese 500 Euro darf Jannis natürlich auch in den sechs folgenden Jahren als Betriebsausgabe ansetzen.

Die Outdoor-Musikanlage hat Jannis erst im Juli angeschafft. Daher kann er hierfür lediglich eine Abschreibung von sechs Monaten verbuchen. Die vom Bundesfinanzministerium festgelegte voraussichtliche Nutzungsdauer für eine Beschallungsanlage (was der Outdoor-Musikanlage am nächsten kommt) beträgt neun Jahre. Zu den Kosten von 4500 Euro kommen die Versandkosten von 45 Euro hinzu: Macht zusammen 4545 Euro, die über neun Jahre abgeschrieben werden. Pro Jahr entspricht das 505 Euro. Für das erste Jahr darf Jannis nur den Zeitraum von Juli bis Dezember anrechnen: Macht 252,50 Euro, die Jannis als Ausgabe angeben darf.

Der Gewinn von Jannis im ersten Jahr beträgt damit nach Abzug der Ausgaben 13.697,50 Euro. Die Rechnung: 15.000 Euro Einnahmen abzüglich 550 Euro für Bahntickets, 500 Euro Abschreibung für die Kamera und 252,50 Euro Abschreibung für die Musikanlage. Obwohl Jannis 8595 Euro investiert hat, kann er also im ersten Jahr nur 1302,50 Euro als Betriebsausgaben ansetzen. ◄

4.1.3 Geringwertige Wirtschaftsgüter (unter 800 Euro)

Bei kleineren geschäftlichen Investitionen darf genauso verfahren werden wie beim Sofortaufwand, sprich: Der komplette Betrag darf als Ausgabe angesetzt werden, obwohl die Nutzungsdauer voraussichtlich mehrere Jahre beträgt. Der Gesetzgeber spricht in diesem Fall von „geringwertigen Wirtschaftsgütern“. Voraussetzungen dafür:

- Der Gegenstand muss beweglich und abnutzbar sein
- Der Gegenstand muss selbstständig, also ohne andere Geräte, nutzbar sein
- Der Wert des Gegenstands (inkl. Anschaffungsnebenkosten wie z. B. Versand) beträgt ohne Umsatzsteuer 800 Euro oder weniger

Zur Orientierung: Inkl. der Umsatzsteuer von 19 % darf ein Gegenstand also bis zu 952 Euro kosten. Das dürfte bei Influencern auf die meisten Investitionen zutreffen! Übrigens gilt diese Grenze auch, wenn der Influencer nicht zum Vorsteuerabzug berechtigt ist (siehe Abschn. 2.3.2).

Beispiel: Geringwertige Wirtschaftsgüter

Influencerin Jolanda kauft sich eine neue Kamera für 899 Euro (inkl. Umsatzsteuer), die sie ausschließlich für das Aufnehmen von Werbeposts nutzt. Sie ist Kleinunternehmerin und weist auf ihren Rechnungen keine Umsatzsteuer aus.

Weil Jolanda keine Umsatzsteuerabrechnung macht, zählt der komplette Betrag von 899 Euro inkl. der Umsatzsteuer als geschäftliche Ausgabe. Da die Kosten inkl. 19 % Umsatzsteuer aber unter den genannten 952 Euro liegen, handelt es sich trotzdem um ein „geringwertiges Wirtschaftsgut": Jolanda kann die 899 Euro für die Kamera also im Jahr der Anschaffung komplett als Betriebsausgabe ansetzen. ◀

Dazu noch ein Gegenbeispiel:

Beispiel: Kein geringwertiges Wirtschaftsgut

Influencer Hans ist auf TikTok unterwegs. Er kauft sich einen neuen PC-Bildschirm für sein häusliches Arbeitszimmer, in dem er seine Videos schneidet – Kosten: 499 Euro inkl. Umsatzsteuer. Hans ist Kleinunternehmer und weist auf seinen Rechnungen keine Umsatzsteuer aus.

Der PC-Bildschirm ist nicht selbstständig nutzbar. Daher zählt er nicht als „geringwertiges Wirtschaftsgut" und muss über die gesetzlich festgelegte Nutzungsdauer von 3 Jahren abgeschrieben werden. Pro Jahr darf Hans 166,33 Euro als Betriebsausgabe abschreiben. ◀

Übrigens wäre auch ein klassischer Tower-PC kein geringwertiges Wirtschaftsgut, weil dafür wiederum der Monitor benötigt wird. Auch eine Computermaus, einfache Drucker oder Softwareupdates zählen nicht dazu.

Hans hätte die Kosten jedoch komplett absetzen können, wenn er statt des Bildschirms ein Komplettangebot mit PC, Bildschirm und Tastatur gewählt hätte, sofern die Gesamtkosten unter der Grenze von 952 Euro inkl. Umsatzsteuer bleiben.

Weitere selbstständig nutzbare Gegenstände sind Kleinmöbel, Schreibtischlampen, Kaffeemaschinen, Datenträger, Schreibgeräte, Kameras, Telefone, Laptops sowie Drucker mit Kopier- und Scanfunktion (da diese Funktionen auch ohne PC genutzt werden können).

Merkwürdigerweise zählt nach Auffassung der Finanzverwaltung auch beruflich genutzte Software bis zu einem Wert von 952 Euro inklusive Umsatzsteuer zu den geringwertigen Wirtschaftsgütern, obwohl sie weder selbstständig nutzbar noch beweglich oder abnutzbar ist.

4.1.4 Gemischte Nutzung (private und geschäftlich)

So weit, so gut! Was aber, wenn eine Reise oder Gegenstand nebenbei auch für private Zwecke genutzt wird? Mit einer Kamera macht ein Influencer möglicherweise ab und zu auch private Fotos. Auf einem für die Influencer-Tätigkeit angeschafften Laptop werden wahrscheinlich auch private Nachrichten verschickt.

Zu vielen Gegenständen und Dienstleistungen hat der Gesetzgeber bzgl. der Anerkennung als Ausgabe eigene Regelungen erlassen. Auf diese gehen wir im Abschn. 4.2 (Ausgaben von A–Z) bei den entsprechenden Posten genauer ein. Hier die Grundlage, an der sich alle Fälle orientieren:

- Bei privater Nutzung von weniger als 10 % spielt diese eine klar untergeordnete Rolle. Die Ausgaben für den Gegenstand können voll abgezogen werden.
- Bei privater Nutzung von 10 % bis 90 % liegt eine gemischte Nutzung vor. Die Ausgaben können nicht voll abgezogen werden, sondern müssen glaubhaft in einen privaten und einen betrieblichen Teil aufgeteilt werden. Der private Prozentanteil wird von den Anschaffungskosten abgezogen: Nur der betriebliche Teil kann als Ausgabe geltend gemacht werden.
- Private Nutzung von über 90 %: Die betriebliche Nutzung hat eine klar untergeordnete Rolle, daher können hier gar keine betrieblichen Ausgaben angesetzt werden.

Die hier genannten Prozentangaben können sich auf Zeitanteile oder Mengeneinheiten beziehen. Achtung: Wenn eine klare und objektive Trennung zwischen privater und beruflicher Nutzung nicht möglich ist oder nicht dokumentiert wird, sind die Kosten insgesamt steuerlich nicht abzugsfähig!

Das knifflige bei gemischten Nutzungen ist somit der Nachweis, zu welchem Anteil ein Gegenstand oder eine Dienstleistung betrieblich genutzt wird. Am besten funktioniert dies, wenn es ein Endresultat gibt, das die Gewichtung der Tätigkeiten deutlich macht. Dazu ein Beispiel:

Beispiel: Ausgaben steuerlich anrechnen bei vorwiegend betrieblicher Nutzung

Roland nutzt seinen Hochleistungs-Laptop fast ausschließlich zum Schneiden von Videos für seinen YouTube-Kanal, mit dem er gutes Geld durch Werbeeinnahmen verdient. Lediglich für ein paar Minuten täglich beantwortet er auf dem Laptop auch private Emails. Roland schätzt, dass dieser Anteil zeitmäßig maximal 5 % der gesamten Nutzungsdauer ausmacht.

Roland kann auf im Internet abrufbare professionell gemachte YouTube-Videos verweisen, die beim Schnitt viel Aufwand benötigen. Somit ist seine Einschätzung glaubwürdig. Da die private Nutzung klar unter 10 % liegt, kann Roland die Kosten für den Laptop komplett abziehen. ◀

Ein anderes Beispiel zu anteiliger Nutzung:

Beispiel: Ausgaben steuerlich anrechnen bei anteiliger privater Nutzung

Maja hat für ihre Tätigkeit als Influencerin ein Abonnement eines professionellen Bildbearbeitungsprogramms abgeschlossen, wofür sie 100 Euro im Jahr bezahlt. Zeitanteilig nutzt sie das Programm zu 60 % für ihre Influencer-Tätigkeit. In den restlichen 40 % der Zeit erstellt sie lustige Memes, die sie im privaten Bekanntenkreis verschickt.

Maja muss ihre Ausgaben hier aufteilen: Sie darf lediglich 60 Euro der Abo-Kosten als Betriebsausgabe angeben. Da es sich um einen Sofortaufwand handelt, gibt sie diesen Anteil auch sofort und komplett als Betriebsausgabe an. ◀

4.1.5 Außerplanmäßige Abschreibung

Wir sind ja bereits darauf eingegangen, dass größere Anschaffungen über mehrere Jahre abgeschrieben werden müssen. Was passiert jedoch, wenn sich die Nutzungsdauer unerwartet verkürzt? Das geschieht meist dadurch, dass der entsprechende Gegenstand kaputtgeht und der Wert des Gegenstands damit plötzlich bei Null liegt oder zumindest stark abnimmt.

Hierfür gibt es außerplanmäßige Abschreibungen. Eine solche darf ein Influencer vornehmen, wenn der Marktwert des Gegenstands dauerhaft unter dem Buchwert des Gegenstands liegt.

Mit dem Buchwert sind hier die Anschaffungskosten abzüglich der bereits erfolgten Abschreibungen gemeint. Ein Laptop, den ein Influencer für 3000 Euro angeschafft hat und entsprechend der Afa-Tabelle über drei Jahre abschreibt, hat dementsprechend nach einem Jahr einen Buchwert von 2000 Euro.

Geht der Laptop Anfang des zweiten Jahres kaputt, weil beim Schneiden eines Videos aus Versehen ein Glas zuckerhaltige Limonade darüber ausgeschüttet wurde, liegt der Marktwert plötzlich bei 0 Euro. In diesem Fall darf der Influencer den Laptop außerplanmäßig mit seinem kompletten Buchwert abschreiben und somit 2000 Euro voll als Betriebsausgabe ansetzen.

4.2 Ausgaben von A–Z

In diesem Kapitel soll ein Überblick über die spezifischen Regelungen zum Ansetzen bestimmter Ausgaben von A–Z gegeben werden. Hier ein Überblick über die behandelten Themen:

- Arbeitszimmer
- Ausbildungs- und Fortbildungskosten
- Beratungskosten
- Bewirtung und Verpflegung
- Bürobedarf
- Doppelte Haushaltsführung
- Fachliteratur
- Firmenwagen
- Geschenke & Preise
- Gebrauchte Gegenstände
- Kleidung
- Lizenzgebühren
- Produkte, über die berichtet wird
- Reise- und Fahrtkosten
- Software und Apps
- Technische Ausrüstung
- Telefon- und Internetkosten
- Versicherungen
- Website

4.2.1 Arbeitszimmer

Im Gegensatz zu anderen Berufen mieten Influencer unserer Erfahrung nach eher selten ein Büro, um dort ihrer Arbeit nachzugehen. Falls doch: Diese Ausgaben sind als Betriebsausgabe voll absetzbar … auch, wenn lediglich ein Schreibtisch in einem geteilten Büro angemietet wird.

Viel häufiger richten Influencer sich ein Arbeitszimmer in ihrer Wohnung oder ihrem Haus ein. Oft reicht ihnen auch ein Schreibtisch in einem Zimmer, das sonst für private Zwecke genutzt wird. Grundsätzlich gilt, dass die Kosten hierfür nicht von den Steuern abgezogen werden dürfen. Es gibt jedoch zwei Möglichkeiten, wie es eventuell doch klappt, das Arbeitszimmer als Betriebsausgabe anzusetzen.

Die erste Möglichkeit: Wenn Influencer glaubhaft darlegen können, dass ihr Arbeitszimmer den Mittelpunkt ihrer gesamten betrieblichen oder beruflichen Betätigung bildet, können die Kosten dafür unbeschränkt als Betriebsausgabe von den Einnahmen abgezogen werden.

Ok. Aber was heißt das konkret? Ausschlaggebend ist jedenfalls nicht allein die dort verbrachte Zeit. Gerade Influencer verbringen eventuell viel Zeit auf Events oder an bestimmten Orten, wo Bilder und Videos entstehen oder Informationen für die eigenen Beiträge gesammelt werden. Wenn am Ende aber alle Posts zuhause im Arbeitszimmer editiert, bearbeitet und online gestellt werden, dann stellt das Arbeitszimmer dennoch den Mittelpunkt der Betätigung dar. Unsere Argumentation als Steuerfachleute: Nachbearbeitung und Veröffentlichung bilden den „qualitativen Schwerpunkt" der Tätigkeit als Influencer – Events besuchen sowie Fotos oder Videos machen kann schließlich jeder!

Beispiel: Kosten für Arbeitszimmer als Betriebsausgabe

Janine ist eine erfolgreiche Influencerin auf Instagram und hat vor zwei Jahren ihren Job gekündigt, um sich der Influencer-Tätigkeit voll widmen zu können. Sie verbringt viel Zeit damit, nach geeigneten Plätzen für ihre Fotos zu suchen. Die Nachbearbeitung der Fotos und das Posten auf Instagram erledigt sie in ihrem Arbeitszimmer zu Hause.

Janines Arbeitszimmer bildet daher den Mittelpunkt ihrer gesamten beruflichen Tätigkeit. Sie kann die Kosten hierfür komplett als Betriebsausgabe ansetzen. ◀

Anders sieht es aus, wenn neben der Tätigkeit als Influencer eine andere berufliche Tätigkeit ausgeübt wird, für die kein heimisches Arbeitszimmer benötigt wird – egal ob im Angestelltenverhältnis, als Selbstständiger oder als Gewerbetreibender. Dann bildet das Arbeitszimmer nicht den Mittelpunkt der gesamten beruflichen Tätigkeit … selbst dann nicht, wenn der Beruf in direktem Zusammenhang mit der Influencer-Tätigkeit steht!

Es gibt jedoch noch eine zweite Möglichkeit: Influencer dürfen Kosten für ein heimisches Arbeitszimmer als Werbungskosten absetzen, wenn ihnen kein anderer Arbeitsplatz für ihre Tätigkeit zur Verfügung steht.

Das gilt auch, wenn die Influencer-Tätigkeit nur nebenberuflich ausgeführt wird. Der Nachweis gestaltet sich in diesem Fall einfach: Es gibt wohl nur wenige Arbeitgeber, die ihren Angestellten erlauben, am Arbeitsplatz nebenbei noch als Influencer zu agieren. Im Zweifelsfall kann dies mit einer Bescheinigung des Arbeitgebers nachgewiesen werden.

Das Problem: Pro Jahr dürfen auf diese Weise maximal 1250 Euro als Betriebsausgabe abgezogen werden! Die tatsächlichen Kosten für ein Arbeitszimmer dürften bei vielen Influencern deutlich höher liegen.

Beispiel: Kosten für Arbeitszimmer als Werbungskosten

Sabine arbeitet als Bürokauffrau und ist nebenbei als Modebloggerin aktiv. Sie nimmt ihre Fotos in verschiedenen Parks ihrer Stadt auf und vergräbt sich dann teils nächtelang in ihrem heimischen Arbeitszimmer, um geeignete Beiträge zu schreiben, für die sie auch Geld von Modeunternehmen bekommt. Da das Büro, in dem sie als Bürokauffrau arbeitet, nachts schließt, hat sie dort keinen anderen Arbeitsplatz. Außerdem untersagt ihr die Chefin, den Arbeitsplatz für andere Tätigkeiten zu nutzen.

Sabine kann daher bis zu 1250 Euro der Kosten für ihr häusliches Arbeitszimmer als Betriebsausgabe bei ihrer Tätigkeit als Bloggerin ansetzen. ◀

Anders sieht es aus, wenn Influencer mit einer anderen Tätigkeit hauptberuflich selbstständig sind und hierfür eigene Räume angemietet haben: Dann geht der Gesetzgeber davon aus, dass die Räume auch für die Influencer-Tätigkeit genutzt werden können. Allerdings dürften Influencer in diesem Fall die Räume bereits im Rahmen ihrer selbstständigen Tätigkeit als Ausgabe ansetzen.

Gehen wir noch für beide Möglichkeiten in Stichpunkten auf die allgemeinen Voraussetzungen ein, die erfüllt sein müssen, damit ein Raum als Arbeitszimmer eingestuft werden kann:

- der Raum gehört zur Wohnung bzw. zum Haus (z. B. auch ein Keller- oder Dachspeicherraum)
- der Raum ist vom übrigen Wohnraum abgegrenzt und durch eine Tür abschließbar (kein Durchgangszimmer/Flur, kein Treppenhaus und keine Galerie)
- der Raum ist speziell für die Influencer-Tätigkeit eingerichtet
- die private Mitbenutzung des Zimmers liegt unter 10 % der dort verbrachten Zeit

Vorsicht: Diese Voraussetzungen können vom Finanzamt auch mal durch eine Ortsbesichtigung überprüft werden!

Und wie werden die Kosten nun berechnet? Zunächst muss der Anteil errechnet werden, den das Arbeitszimmer im Verhältnis zum restlichen Wohnraum einnimmt. Die Rechnung lautet: Fläche des Arbeitszimmers geteilt durch die Gesamtfläche des Wohnraumes multipliziert mit 100. Das Endergebnis bildet den Prozentsatz, zu dem die Gesamtkosten der Wohnung für das Arbeitszimmer abgezogen werden können.

Hier in Stichpunkten die wichtigsten Kosten, die anteilig absetzbar sind:

- Miete
- Nebenkosten an Vermieter
- Reparaturkosten
- Abschreibungen auf Gebäude (falls es einem selbst gehört)
- Reinigungskosten
- Kaminkehrergebühren
- Grundsteuer
- Müllabfuhrgebühren
- Wasser-, Strom- und Heizungskosten

Beispiel: Kosten für heimisches Arbeitszimmer berechnen

Die hauptberufliche Influencerin Janine lebt in einer 120 qm Wohnung. Ihr Arbeitszimmer umfasst 15 qm. Sie zahlt für die Wohnung im Monat 1000 Euro Miete inkl. Nebenkosten, zusätzlich kommen noch 70 Euro pro Monat für Stromkosten hinzu. Im Laufe des Jahres kam zudem ein Handwerker, der die gesamten Leitungen in der Wohnung überprüft hat. Die Kosten von 200 Euro musste Janine selbst tragen.

Die Rechnung: Der Anteil an den Kosten für das Arbeitszimmer beträgt 15 qm/120 qm × 100 = 12,5 %

Die Gesamtkosten für die Wohnung betragen 12 × 1000 Euro Miete = 12.000 Euro *plus* 12 × 70 Euro Strom = 840 Euro *plus* 200 Euro für den Handwerker: Macht zusammen 13.040 Euro.

Die anteiligen Kosten für das Arbeitszimmer betragen somit 13.040 Euro × 12,5 % = 1630 Euro. Diese Summe kann Janine als Betriebsausgabe für ihr häusliches Arbeitszimmer abziehen.

Weitergedacht: Sabine (siehe erstes Beispiel) übernimmt die Wohnung von Janine, weil diese ein Jahr im Ausland verbringt. Sabine nutzt auch Janines Arbeitszimmer für ihre Influencer-Tätigkeit, ist aber weiter hauptberuflich als Bürokauffrau tätig. Sie darf deshalb nur die Maximalsumme von 1250 Euro als Werbekosten abziehen. ◀

4.2.2 Ausbildungs- und Fortbildungskosten

Wenn Ausbildungs- oder Fortbildungskosten in einem erkennbaren Zusammenhang mit der Tätigkeit als Influencer stehen, können sie als Betriebsausgabe abgezogen werden. Dieser Zusammenhang muss mit schlüssigen Argumenten dargelegt werden. Unserer Erfahrung nach fällt das Influencern aufgrund des umfassenden Berufsbildes leicht: Jede Aus-, Fort- und Weiterbildung von Software und PC-Technik über Kommunikation und Gestaltung bis hin zu allen Angeboten rund um die spezielle Thematik eines Influencers kommt in Frage.

Neben dem Erlangen neuer Fähigkeiten kann auch die Anpassung an steigende oder sich ändernde Anforderungen als Argument genannt werden. Die Auswahl an möglichen Ausbildungen und Studiengängen ist groß. Doch trotz der großen Vielfalt an Möglichkeiten muss klar sein, dass der Influencer sich gezielt für seine geschäftliche Tätigkeit fortbildet.

Was damit gemeint ist, zeigt eine wichtige Ausnahme: Auch wenn ein höherer Schulabschluss wahrscheinlich für jede Art von Tätigkeit Vorteile mit sich bringt, dürfen Kosten für Schulbildung in der Regel nicht angerechnet werden. Der Grund: Schulen sind auf allgemeine Bildung und nicht auf berufliche Fortbildung ausgerichtet.

Grundsätzlich gilt: Ausbildungskosten können als Sonderausgaben, Fortbildungskosten als Betriebsausgaben angesetzt werden. Gehen wir nun etwas genauer auf diese beiden Möglichkeiten ein.

4.2.2.1 Ausbildungskosten

Als Ausbildungskosten werden alle Kosten für die erste Berufsausbildung bzw. für das Erststudium angesehen. Der Gesetzgeber geht hier davon aus, dass nur ein schwacher Zusammenhang mit dem zukünftigen Beruf und dementsprechenden Einnahmen besteht. Deshalb ist die Anrechnung von Kosten eingeschränkt: Influencer können maximal 6000 Euro Ausbildungskosten pro Jahr als Sonderausgabe von ihren Einnahmen abziehen. Voraussetzung dafür: Der Influencer zahlt die Ausbildungskosten tatsächlich selbst!

Das Besondere bei Sonderausgaben: Obwohl Sonderausgaben in einem gewissen Rahmen das zu versteuernde Einkommen senken können, werden sie vom Gesetzgeber grundsätzlich als privat angesehen. Sonderausgaben können deshalb nur in dem Jahr von den Einnahmen abgezogen werden, in dem sie auch gezahlt wurden! Es ist kein Verlustvortrag möglich (siehe Abschn. 2.1.5)! Zu den Sonderausgaben gehören übrigens auch Kosten für Ausbildungsdarlehen wie z. B. Zinsen, die erst nach der Ausbildung selbst anfallen.

Hier eine Liste der üblichsten Fälle, bei denen es sich um Ausbildungskosten handelt:

- Kosten für eine Lehre oder eine Berufsausbildung, die nach dem Schulabschluss angefangen wird
- Kosten für ein Erststudium
- Kosten für ein Zweitstudium, wenn das erste Studium abgebrochen wurde

Dazu ein typisches Beispiel:

Beispiel: Kosten für Studium als Sonderausgabe

Influencerin Sabine verdient durch die Kooperation mit einem angesagten Sportartikelhersteller gutes Geld. Um ihre Kenntnisse zu vertiefen und ihre Möglichkeiten zu erweitern, studiert sie nach dem Abitur an einer privaten Hochschule Modemanagement im Bachelor, führt ihre Tätigkeit als Influencerin dabei aber weiter.

Der Zusammenhang zwischen Ausbildung und Einnahmen als Influencerin ist bei Sabine klar gegeben. Sie kann die Kosten für ihr Studium als Sonderausgabe ansetzen. ◀

Hier noch ein typisches Gegenbeispiel:

Beispiel: Kosten für Studium sind keine Sonderausgabe

Markus studiert im dritten Semester Volkswirtschaftslehre im Bachelor. Als großer Sneaker-Fan stellt er auf seinem Instagram-Profil immer die neuesten Kollektionen vor und verdient durch Kooperationen mit Unternehmen 5000 Euro dazu, lebt aber sonst von Unterhaltszahlungen seiner Eltern.

Markus könnte Sonderausgaben geltend machen, da es sich um das Erststudium handelt. Allerdings gibt es kaum einen Zusammenhang zwischen seiner Influencer-Tätigkeit und seinem VWL-Studium. Es ist sehr unwahrscheinlich, dass hier eine Anrechnung als Sonderausgabe akzeptiert würde. Da Markus mit 5000 Euro Einkommen sowieso keine Steuern zahlt und Sonderausgaben nicht per Verlustvortrag ins nächste Jahr übertragen werden können, ist diese Frage bei Markus aber sowieso unerheblich! ◀

4.2.2.2 Fortbildungskosten

Nehmen wir zunächst die einfachen Fälle: Es gibt zahllose zeitlich und thematisch begrenzte Seminare, Abend- und Wochenendkurse sowie Workshops, bei denen Influencer sich gezielt spezielles Wissen oder Fähigkeiten aneignen können. Solange hier eine Verbindung zur Tätigkeit des Influencers gegeben ist, können die Kosten für solche Kurse problemlos und in voller Höhe als Betriebsausgabe angesetzt werden. Wenn beim Besuch der Fortbildung Fahrtkosten und Übernachtungskosten anfallen, können diese ebenfalls abgesetzt werden.

Ob ein Zusammenhang zur Tätigkeit des Influencers besteht, muss für jede Fortbildung im Einzelnen betrachtet werden. Das Thema „Online-Marketing“

betrifft zum Beispiel jeden Influencer. Ein Yoga-Kurs kann dagegen nur abgesetzt werden, wenn der Influencer sich auch bei seiner Tätigkeit mit Yoga beschäftigt.

Was aber, wenn ein Influencer in Zusammenhang mit seiner Tätigkeit eine weitere Ausbildung oder ein komplettes Zweitstudium absolvieren möchte? Hier geht der Gesetzgeber davon aus, dass es einen engeren Zusammenhang zur Berufstätigkeit und damit zur Einnahmenerzielung gibt. Deshalb gelten Kosten für zusätzliche Ausbildungen oder ein Zweitstudium als Fortbildungskosten, die komplett als Betriebsausgabe angesetzt werden

Die üblichsten Fälle, bei denen es sich um Fortbildungskosten handelt:

- Kosten für ein Masterstudium, nachdem vorher ein Bachelorstudium abgeschlossen wurde
- Kosten für ein Bachelorstudium, MBA oder ähnliches, nachdem vorher eine Berufsausbildung abgeschlossen wurde
- Kosten für ein duales Studium – auch schon im Bachelor und beim Erststudium (ein duales Studium ist mit einer Tätigkeit im Betrieb verbunden – deshalb geht der Gesetzgeber hier direkt von einem hinreichenden Zusammenhang mit ihrem Beruf aus)
- Alle einzelnen Seminare und Fortbildungen, die konkret mit der Tätigkeit als Influencer zusammenhängen

4.2.2.3 Kosten, die bei Aus- und Fortbildung geltend gemacht werden können

Zu den Kosten, die bei Ausbildungen und Fortbildungen als Ausgaben geltend gemacht werden können, gehören unter anderem:

- Studiengebühren sowie weitere Kosten für die Aus- und Fortbildung selbst
- Prüfungskosten
- Kosten für notwendige Tests wie z. B. den Toefl-Test
- Fahrtkosten
- Lernmaterialien und Lehrbücher
- Lizenzgebühren für Datenbanken mit Fachliteratur
- Schreibutensilien
- Druckkosten für Arbeiten
- Zinsen für Studienkredite
- Technische Ausstattung, die für Aus- oder Fortbildung benötigt wird
- Kosten einer doppelten Haushaltsführung (siehe hierzu Abschn. 4.2.6)

Bei einigen dieser Ausgaben kann es zu Überschneidungen mit der Influencer-Tätigkeit kommen. In solchen Fällen müssen die Ausgaben aufgeteilt werden: Wird etwa ein Laptop zu 50 % der Zeit fürs Studium und zu 50 % der Zeit für die Influencer-Tätigkeit verwendet, so muss auch die Abschreibung des Laptops auf diese beiden Bereiche aufgeteilt werden.

4.2.3 Beratungskosten

Kosten für Beratungsleistungen können grundsätzlich voll als Betriebsausgabe abgezogen werden, solange die Beratung klar auf die Tätigkeit als Influencer ausgerichtet ist. Dazu gehören unter anderem:

- Kosten für Gründungsberatung
- Kosten für Rechtsberatung (z. B. bei einer Abmahnung wegen nicht ausreichend gekennzeichneter Werbung)
- Kosten für Unternehmensberatung hinsichtlich des Online-Auftritts, des Marketings, der eigenen Geschäftstätigkeit etc.

Auch die Kosten für Steuerberatung können als Betriebsausgabe abgezogen werden … hier ist allerdings Vorsicht angebracht! Denn Influencer beauftragen einen Steuerberater in den meisten Fällen auch damit, ihre Steuererklärungen zu erstellen. Als Betriebsausgabe abgezogen werden dürfen aber lediglich die explizit betrieblichen Kosten für die Ermittlung der betrieblichen Einkünfte zur Einkommensteuer, die Umsatzsteuer-Voranmeldungen sowie die Umsatzsteuer- und Gewerbesteuererklärung!

Nicht anerkannt werden dagegen die Kosten für das Ausfüllen des „privaten“ Teils der Steuererklärung, z. B. das Eintragen der persönlichen Daten oder das Eintragen von Sonderausgaben, zu denen beispielsweise die Ausbildungskosten gehören. Steuerberater weisen diesen privaten Teil deshalb separat auf ihrer Rechnung aus.

Grundsätzlich nicht als Betriebsausgabe anerkannt werden hingegen Beratungsleistungen, die sich auf die allgemeine Entwicklung der Persönlichkeit richten, wie z. B. Lifecoaches.

4.2.4 Bewirtung und Verpflegung

Für Influencer sind bei Geschäftsessen zwei mögliche Szenarien denkbar, bei denen Betriebsausgaben abgesetzt werden können.

4.2.4.1 Einladung von Geschäftspartnern aus geschäftlichem Anlass

Die Kosten für ein solches Geschäftsessen dürfen zu 70 % als Betriebsausgabe angesetzt werden. Auch ein Trinkgeld wird hier mitberücksichtigt. Wichtig dabei: Statt einer normalen Rechnung muss der Influencer in der Gaststätte um einen Bewirtungsbeleg bitten. Hierauf müssen Angaben zu den bewirteten Personen und zum Anlass der Bewirtung eingetragen werden. Der Anlass sollte dabei so spezifisch wie möglich angegeben werden – Bewirtungsbelege mit allgemeinen Formulierungen wie „Geschäftsessen" erkennt das Finanzamt nicht an.

Außerdem muss die Bewirtung zu den geschäftlichen Absichten passen: Wenn sich zwei Kleinunternehmer treffen und über eine vorübergehende Kooperation sprechen, wäre der kostspielige Besuch eines teuren Restaurants unangemessen. Das Finanzamt wird auch schnell skeptisch, wenn jede Woche mehrere Geschäftsessen abgehalten werden oder wenn ausgerechnet am Geburtstag des Influencers ein großes Geschäftsessen in einer Bar veranstaltet wird.

4.2.4.2 Verpflegungsmehraufwand bei Auswärtstätigkeiten

Manche Influencer sind im Rahmen ihrer Tätigkeit viel unterwegs. Die eigene Verpflegung, die ja mit der geschäftlichen Tätigkeit zusammenhängt, kann in solchen Fällen als Betriebsausgabe angerechnet werden. Im Gegensatz zum Geschäftsessen gibt es hierfür allerdings nur Pauschalen, die als „Verpflegungsmehraufwand" bezeichnet werden.

Bei einer mehrtätigen Abwesenheit liegt diese Pauschale bei 12 Euro für den An- und Abreisetag sowie bei weiteren 24 Euro für jeden vollen Tag, den der Influencer unterwegs ist. Wer 8 bis 24 Stunden außerhalb von Büro oder Arbeitszimmer unterwegs ist, kann pauschal 12 Euro ansetzen.

Voraussetzung ist natürlich auch hier wieder, dass tatsächlich Kosten für die Verpflegung entstanden. So wird die Pauschale bei einem kostenlos erhaltenen Frühstück um 20 % verringert, bei einem kostenlosen Mittag- und Abendessen um jeweils 40 %.

Alle Mahlzeiten, die im oder in der Nähe von Arbeitszimmer oder Büro eingenommen werden, können nicht als Betriebsausgabe abgezogen werden.

4.2.5 Bürobedarf

Kosten für Bürobedarf können voll als Betriebsausgabe abgezogen werden. Dazu zählt unter anderem:

- Briefmarken und Porto für alle Sendungen, die im Rahmen der Influencer-Tätigkeit anfallen
- Briefumschläge, Versandkartons
- Druckerpapier
- Klebestreifen
- Schere, Tacker, Locher, etc.
- Ordner

Bei größeren Anschaffungen wie Büromöbeln gilt die Regelung zu den geringwertigen Wirtschaftsgütern (siehe Abschn. 4.1.3): Liegt der Anschaffungspreis über 800 Euro (bzw. über 952 Euro inkl. 19 % Umsatzsteuer), müssen die Kosten gleichmäßig auf ihre voraussichtliche Nutzungsdauer verteilt und Jahr für Jahr abgeschrieben werden.

4.2.6 Doppelte Haushaltsführung

Eine doppelte Haushaltsführung liegt vor, wenn zusätzlich zur Hauptwohnung eine Zweitwohnung an einem anderen Ort genutzt wird, um dort zu arbeiten. Dann können folgende Kosten als Betriebsausgabe abgezogen werden:

- Miete der Zweitwohnung
- Fahrtkosten (siehe Berechnung im Abschn. 4.2.14.1 – Reise & Fahrtkosten)
- Umzugskosten
- Pauschale für Verpflegungsmehraufwand: 12 Euro für An- und Abreisetage bei Familienheimfahrten, 24 Euro für jeden vollen Tag in der Zweitwohnung (vgl. Abschn. 4.2.4.2)

Eine Zweitwohnung muss aber gewisse Voraussetzungen erfüllen, damit diese Kosten tatsächlich als Ausgaben abgesetzt werden können.

1. Es muss eine „berufliche Veranlassung" vorliegen. Der übliche Anlass ist natürlich, dass man schneller vor Ort ist. Das bedeutet: Es muss ein gewisser Abstand zum privat genutzten Hauptwohnsitz gegeben sein.
2. Die Zweitwohnung muss am Ort der „ersten Tätigkeitsstätte" liegen. Sprich: Der Ort der Zweitwohnung muss dem Ort der beruflichen Tätigkeit des Influencers langfristig entsprechen, Faustregel: mindestens vier Jahre.
3. Es muss beim ersten Wohnsitz eine finanzielle Beteiligung von mindestens 10 % an den laufenden Kosten für die Haushaltsführung nachgewiesen werden.

In begründeten Fällen kann dies zum Teil auch anderweitig erbracht werden, z. B. durch Arbeiten am Haus oder durch das zur Verfügung stellen von Gegenständen wie z. B. einem Fernseher. Bei Ehegatten ist kein Nachweis zu erbringen, hier wird die finanzielle Beteiligung einfach vom Finanzamt unterstellt.
4. Der erste Wohnsitz muss dem Influencer vollständig und jederzeit zur Verfügung stehen.
5. Der erste Wohnsitz muss der Lebensmittelpunkt des Influencers sein.

Mit „Lebensmittelpunkt" ist hier ein Ort gemeint, der regelmäßig aufgesucht wird und wo man seine privaten sozialen Kontakte pflegt. Schön und gut, aber wie soll ein Influencer das beweisen? Hier ein paar anerkannte Indizien, mit denen der Lebensmittelpunkt üblicherweise nachgewiesen wird:

- Mindestens zwei Heimfahrten im Monat (belegbar mit Tankbelegen oder Zugtickets – bei sehr weit entfernten Beschäftigungsorten kann mitunter auch einmal im Jahr ausreichen, z. B. bei Tätigkeit im Ausland)
- Lebenspartner wohnt am Hauptwohnsitz (alternativ: Eltern, Elternteil, Verlobte oder Freunde wohnen am Hauptwohnsitz)
- Vereinstätigkeit oder sonstiges Engagement am Hauptwohnsitz
- Wohnung am Hauptwohnsitz ist deutlich besser ausgestattet als Wohnung am Beschäftigungsort

Alles zu viel? Erklären wir es nochmal anhand eines ausführlicheren Beispiels:

Beispiel: Doppelte Haushaltsführung

Milena kommt aus Berchtesgaden nahe der österreichischen Grenze. Sie hat in München studiert, ist dann aber in ihre Heimat zurückgekehrt, um dort mit ihrem Mann, der in Berchtesgaden die Schreinerei seines Vaters übernommen hat, in einem gemeinsamen Haus zusammenzuwohnen.

Schon im Studium hat Milena angefangen, auf Social Media Posts mit Kleidung bestimmter Unternehmen zu erstellen und damit Geld zu verdienen. Diese Tätigkeit setzt sie in Berchtesgaden fort. Durch ihre sympathische, bayerische Art wird sie immer bekannter und kooperiert mit immer mehr Unternehmen. Da diese allerdings alle ihren Sitz in München haben, muss Milena oft für Fahrten zu Besprechungen vier oder mehr Stunden im Auto sitzen. Außerdem wünschen viele der Modeunternehmen Fotos in städtischer Umgebung.

Irgendwann reicht es Milena: Sie mietet sich eine kleine Wohnung in München, um dort unter der Woche ihrer Tätigkeit als Influencerin nachzugehen.

Jedes Wochenende fährt sie zu ihrem Mann und ihren Freundinnen nach Berchtesgaden. Kann Milena die Kosten für ihre Zweitwohnung nun im Rahmen einer doppelten Haushaltsführung als Betriebsausgabe ansetzen?

Zunächst: Milena mietet die Wohnung nur für Geschäftstermine mit Unternehmen sowie für ihre Fotoshootings, denn eigentlich lebt sie ja in Berchtesgaden. Die „berufliche Veranlassung" ist also gegeben.

Aber wie steht es mit der „ersten Tätigkeitsstätte"? Hier wird streng hingeschaut: Arbeitet sich Milena nur von kurzer Kooperation zu kurzer Kooperation? Könnte es sein, dass sie als nächstes in Hamburg oder Berlin arbeitet? Dann wäre es kein Zweitwohnsitz. Da die Münchener Kooperationspartner Milena jedoch zusichern, dass sie dauerhaft „das Gesicht" für junge, traditionelle Mode in Bayern werden soll, ist diese Voraussetzung auch erfüllt.

Milenas Ehemann wohnt in Berchtesgaden, deshalb muss Milena keinen Beweis für die Verfügbarkeit und ihre finanzielle Beteiligung am Hauptwohnsitz erbringen. Wäre sie nicht verheiratet, müsste sie durch Kontoauszüge ihre finanzielle Beteiligung am Hauptwohnsitz beweisen. Dass Berchtesgaden der Hauptwohnsitz ist, kann durch den Vergleich mit der kleinen Münchener Wohnung leicht nachgewiesen werden. Da Milena jedes Wochenende nach Hause fährt, übertrifft sie sogar die Vorgabe von zwei Heimfahrten im Monat. Somit liegt Milenas Lebensmittelpunkt eindeutig in Berchtesgaden.

Milena wird deshalb keine Probleme haben, ihren Zweitwohnsitz in München als Betriebsausgabe geltend zu machen. ◀

4.2.7 Fachliteratur

Fachliteratur kann voll als Betriebsausgabe abgezogen werden. Wichtig ist hier der Bezug zur beruflichen Tätigkeit. Wenn ein Influencer beispielsweise ein Handbuch zum Thema Online-Marketing kauft, so gilt dies definitiv als Fachliteratur – unabhängig vom Schwerpunkt der Tätigkeit.

Ähnlich wie bei Aus- und Weiterbildung (siehe Abschn. 4.2.2) können jedoch auch spezielle Arten von Fachliteratur als Betriebsausgabe angesetzt werden: Beschäftigt sich ein Influencer bei seiner Tätigkeit mit dem Thema Yoga, dann können auch Kosten für Fachbücher zu diesem Thema als Betriebsausgabe abgezogen werden. Das wäre jedoch nicht denkbar, wenn der Influencer sich zwar privat für Yoga begeistert, aber bei seiner beruflichen Tätigkeit nur mit technischen Themen beschäftigt.

Literatur für die Allgemeinbildung kann nicht abgesetzt werden: Das betrifft die Tageszeitung ebenso wie ein Buch zur Persönlichkeitsentwicklung, das ein Lifecoach geschrieben hat. Die Begründung: Es kann nicht eindeutig nachgewiesen werden, ob der Kauf aus privaten oder aus beruflichen Gründen erfolgt.

Fazit: Abgesetzt werden kann nur spezifische Fachliteratur, die einen direkten Bezug zur beruflichen Tätigkeit und dem damit verbundenen Erzielen von Einnahmen aufweist.

4.2.8 Firmenwagen

Wenn Influencer ein Auto für ihre Tätigkeit nutzen oder überlegen, sich extra dafür ein Auto anzuschaffen, sind zwei Szenarien denkbar, wie bereits in Abschn. 4.1 beschrieben. Bei einer privaten Nutzung von über 90 % ist es einfach: Dann können Influencer ein Auto nicht als Firmenwagen einbringen oder kaufen. Lediglich die einzelnen betrieblichen Fahrten dürfen als Betriebsausgabe angesetzt werden: Siehe hierzu das Kapitel Reise- und Fahrtkosten (Abschn. 4.2.14.1).

Ansonsten besteht für Influencer die Möglichkeit, ein bisher privat genutztes Auto als Firmenwagen in die Unternehmung einzubringen oder direkt ein neues Auto über ein betriebliches Bankkonto zu kaufen. Alle Ausgaben für das Auto können dann als Betriebsausgabe angesetzt werden, zum Beispiel:

- Abschreibungen der Anschaffungskosten (die voraussichtliche Nutzungsdauer eines Neuwagens ist vom Finanzministerium mit sechs Jahren festgelegt; für ältere Autos muss eine realistische Restnutzungsdauer selbst festgelegt werden)
- Bei Leasing: Leasingraten
- Versicherungen
- Kosten für Benzin bzw. Diesel, Erdgas etc.
- Werkstattkosten
- Autowäsche

Allerdings muss bei einem Firmenwagen jede private Nutzung versteuert werden. Hierfür gibt es zwei Methoden: Die 1 %-Regelung oder das Fahrtenbuch.

4.2.8.1 Die 1 %-Regelung

Hier werden pro Monat 1 % des Bruttolistenneupreises des Wagens als zu versteuernde Einnahme angesetzt. Unerheblich ist dabei, ob das Auto geleast oder gekauft wurde. Da der Weg zur Arbeit ebenfalls zur privaten Nutzung zählt, kommen pro Kilometer Entfernung von Wohnort zum Arbeitsplatz zusätzlich 0,03 % des Bruttolistenneupreises dazu. Das entfällt für Influencer, die als Arbeitsplatz ein Arbeitszimmer in ihrer Wohnung nutzen.

Beispiel: Private Nutzung von Firmenwagen mit 1 %-Regelung

Lisa ist für ihre Tätigkeit als Influencerin viel unterwegs zu Shootings und hat sich daher einen PKW zum Bruttolistenneupreis von 30.000 Euro gekauft. Ihr Arbeitsplatz, an dem sie ihre Posts editiert und bearbeitet, ist ein Schreibtisch in einem Shared-Space Office, welches 5 km von ihrer Wohnung entfernt ist.

Im ersten Jahr kann Lisa neben der Abschreibung für den Wagen in Höhe von 5000 Euro (=30.000 Euro, verteilt auf sechs Jahre voraussichtliche Nutzungsdauer) weitere 4000 Euro für Benzin, Versicherung und Werkstatt als betriebliche Ausgaben angeben: Macht zusammen 9000 Euro.

Für die private Nutzung des Fahrzeugs muss Lisa folgende Einnahmen versteuern: 12 Monate x 1 % x 30.000 Euro = 3600 Euro *plus* 12 Monate x 0,03 % x 5 km x 30.000 Euro = 540 Euro. Macht zusammen Einnahmen von 4140 Euro. Lisa kann per Saldo also den PKW in Höhe von 4860 Euro steuerlich geltend machen. ◀

4.2.8.2 Das Fahrtenbuch

Diese Methode kann in vielen Fällen finanziell günstiger ausfallen, bringt aber einigen Aufwand mit sich, da jede Fahrt im Fahrtenbuch aufgelistet und als privat oder beruflich eingestuft werden muss. Pflichtangaben für jede betriebliche Fahrt:

- Datum und Kilometerstand zu Beginn und Ende der Fahrt
- Reiseziel, bei Umwegen inkl. Route
- Reisezweck
- Aufgesuchte Geschäftspartner

Bei privaten Fahrten muss lediglich der Kilometerstand am Anfang und Ende der Fahrt aufgeschrieben werden. Anhand dieses Fahrtenbuchs wird der genaue Anteil an privaten Fahrten mit dem Auto ermittelt. Influencer können nun sämtliche Ausgaben für das Auto (siehe oben) als Betriebsausgabe ansetzen, rechnen anschließend den Anteil der privaten Nutzung aus diesem Betrag heraus und geben diesen dann als Einnahme an. Setzen wir dazu obiges Beispiel fort:

Beispiel: Nutzung des Firmenwagens mit Fahrtenbuch

Lisa entscheidet sich gegen die 1 %-Regelung zur Versteuerung des privaten Anteils ihres Wagens und nutzt stattdessen ein Fahrtenbuch. Sie fährt mit dem Wagen im ersten Jahr genau 50.000 Kilometer, wovon 10.000 Kilometer auf Privatfahrten entfallen.

Im ersten Jahr kann Lisa neben der Abschreibung für den Wagen in Höhe von 5000 Euro (=30.000 Euro, verteilt auf sechs Jahre voraussichtliche Nutzungsdauer) weitere 4000 Euro für Sprit, Versicherung und Werkstatt als betriebliche Ausgaben angeben: Macht zusammen 9000 Euro.

Von den 50.000 gefahrenen Kilometer waren 40.000 km als betrieblich einzuordnen: Das entspricht 80 % der Nutzung, somit wurde das Auto zu 20 % privat genutzt. Lisa zieht im ersten Schritt die gesamten Ausgaben für das Auto als Betriebsausgabe ab und verbucht im zweiten Schritt für die private Nutzung 20 % der Kosten (also 1800 Euro) als Einnahme. Dementsprechend kann Lisa im ersten Jahr effektiv 80 % der Gesamtkosten von 9000 Euro von ihren Einnahmen abziehen, nämlich 7200 Euro – deutlich mehr als die 4860 Euro bei der 1 %-Regelung! ◀

4.2.9 Geschenke und Preise

Dass Influencer Produkte als Geschenk oder als Gegenleistung für Posts oder Videos erhalten, ist relativ verbreitet (vergleiche hierzu Abschn. 2.4). Manchmal möchten aber auch die Influencer selbst ein Geschenk oder Preise an ihre Fans & Follower verteilen. Wir nennen solche Fälle in bestem Steuerberaterdeutsch: „Zuwendungen an Personen aus betrieblichem Anlass, aber ohne Gegenleistung". Doch wie können solche Ausgaben steuermindernd angerechnet werden?

4.2.9.1 Geschenke

Gehen wir zunächst auf Geschenke ein. Die Zahl, die Influencer sich hier merken sollten, ist die 35. Denn pro Jahr dürfen an jeden Geschäftspartner Geschenke bis zu einem Wert von 35 Euro (ohne Umsatzsteuer) verschenkt und ganz normal als Betriebsausgabe angesetzt werden. Bei Kleinunternehmern, die grundsätzlich keine Vorsteuern vom Finanzamt zurückverlangen können, liegt die Grenze auch bei 35 Euro, aber *inklusive* der Umsatzsteuer.

Liegt der Gesamtwert aller Geschenke an einen Geschäftspartner über 35 Euro, so können die Kosten weder als Betriebsausgabe abgezogen werden, noch kann die Umsatzsteuer vom Finanzamt zurückgefordert werden.

Beispiel: Nicht absetzbare Kosten für Geschenke

Lena bewirbt auf ihrem Instagram Account exklusive Damenmode und kooperiert mit mehreren Unternehmen. Ihren aktivsten drei Followerinnen, die ihre

Beiträge fast immer liken und kommentieren und mit denen sie schon länger bekannt ist, lässt Lena einmal im Jahr ein Kleid einer aktuellen Kollektion als Dankeschön zukommen. Jedes der Kleider hat einen Marktwert von 100 Euro (zum Marktwert: vgl. Abschn. 2.4.1 ff.).

Folge: Obwohl die Geschenke klar betrieblich motiviert sind, kann Lena die Kosten der Kleider wegen des Überschreitens der Wertgrenze von 35 Euro pro beschenkter Person nicht als Betriebsausgabe abziehen. ◀

So weit, so klar. Was passiert jedoch, wenn ein Influencer etwas verschenkt, was unentgeltlich von einem Unternehmen im Rahmen einer Kooperation zur Verfügung gestellt wurde? Dies haben wir bereits in Abschn. 2.4 beschrieben: Solche Geschenke oder im Tausch erhaltene Gegenstände gelten zunächst als ganz reguläre Einnahme. Wenn ein Influencer solche Gegenstände weiterverschenkt, kann der Wert als Ausgabe angegeben werden, sofern der Wert dieses Gegenstandes und aller anderen Geschenke im laufenden Jahr unter der Grenze von 35 Euro pro beschenkter Person liegt.

4.2.9.2 Preise

Ganz anders sieht das bei Preisen aus, die im Rahmen eines Preisausschreibens oder einer vergleichbaren Aktion weitergegeben werden. Diese stellen keine Geschenke dar und können in voller Höhe als Betriebsausgabe abgezogen werden. Insbesondere bei größeren Geschenken für die Follower können Influencer also durch ein Preisausschreiben dafür sorgen, dass sie die Kosten in voller Höhe als Ausgabe angeben können.

Auch hier gilt: Wenn Produkte unentgeltlich von Unternehmen zur Verfügung gestellt wurden und als Preis weitergegeben werden sollen, müssen sie zunächst als Einnahme und dann als Ausgabe in Höhe des Marktwertes verbucht werden.

Beispiel: Preise als Betriebskosten

Lena möchte einen Post zur aktuellen Kleiderkollektion eines Unternehmens besonders promoten und hat hierfür ein besonderes Kleid im Wert von 200 Euro vom Unternehmen erhalten. In ihrem Post schreibt sie, dass unter allen, die den Posten teilen, das Kleid verlost wird.

Folge: Lena muss zunächst das Kleid als Einnahme in Höhe von 200 Euro verbuchen. Dann lost sie eine der Personen, die ihren Beitrag geteilt haben, aus, schickt ihr das Kleid und kann die 200 Euro direkt wieder als Betriebsausgabe ansetzen. ◀

4.2.10 Gebrauchte Gegenstände

Influencer kaufen für ihre Tätigkeit oft gebrauchte Gegenstände von privaten Anbietern, sei es über Ebay oder über andere Auktionsplattformen. Das kann Kleidung betreffen, aber auch technische Ausrüstung oder Fachliteratur. Alles nicht weiter problematisch: Letztlich gilt beim Kauf gebrauchter Gegenstände genau das Gleiche wie bei Neuware: Bis zu einem Wert von 800 Euro gelten gebrauchte Gegenstände als „Geringwertiges Wirtschaftsgut" (vgl. Abschn. 4.1.3) und können als Betriebsausgabe abgezogen werden. Zu beachten ist hier nur, dass bei privat verkauften Gegenständen keine Umsatzsteuer anfällt.

Liegt der Wert über der 800 Euro-Grenze, so muss der Kaufpreis auf die voraussichtliche Restnutzungsdauer des Gegenstands aufgeteilt werden (vgl. Abschn. 4.1.2). Auch hier gilt die vom Bundesfinanzministerium in den Afa-Tabellen festgelegte voraussichtliche Nutzungsdauer als Basis. Bereits „genutzte" Jahre werden dabei von der Nutzungsdauer abgezogen.

Beispiel: Abschreibung bei gebrauchten Gegenständen über 800 Euro

Hannah sucht für ihre Influencer-Tätigkeit eine extrem professionelle Kamera. Sie kauft deshalb ein gebrauchtes Exemplar für 2000 Euro über ein Anzeigenportal. Der Verkäufer hatte die Kamera vor drei Jahren erworben.

In den Afa-Tabellen wird die Nutzungsdauer einer Kamera mit 7 Jahren angegeben. Die voraussichtliche Restnutzungsdauer der Kamera beträgt also vier Jahre. Hannah kann die gebrauchte Kamera deshalb über die nächsten vier Jahre mit 500 Euro pro Jahr als Betriebsausgabe abschreiben. ◀

Wenn die vom Bundesfinanzministerium in den Afa-Tabellen festgelegte voraussichtliche Nutzungsdauer bereits überschritten wurde, müssen Influencer selbst eine realistische voraussichtliche Restnutzungsdauer des gebrauchten Gegenstandes festlegen.

4.2.11 Kleidung

Grundsätzlich gilt: Nur Kosten für typische Berufskleidung dürfen als Betriebsausgabe angesetzt werden. Dabei handelt es sich zum Beispiel um eine Richterrobe, einen Arztkittel oder spezielle Berufskleidung für Handwerker. Kann Kleidung auch im privaten Umfeld getragen werden, so ist diese aufgrund der fehlenden Trennbarkeit von privater und beruflicher Nutzung nicht als Betriebsausgabe ansetzbar.

Es gibt jedoch Ausnahmen. Wir hatten in der Steuerkanzlei tatsächlich einen Fall, bei dem auch normale Alltagskleidung und Schminke als Betriebsausgabe anerkannt wurde.

Beispiel: Kleidung als Betriebsausgabe

Influencerin Tanja erzielt mit Werbeposts für Kleidungsfirmen gewerbliche Einkünfte. Die Werbeposts beziehen sich meist auf ein konkretes Kleidungsstück der Firmen, welches sie für das jeweilige Shooting geliehen bekommt. Um ihre Outfits für die Shootings passend zu vervollständigen, kauft Tanja zusätzliche Kleidung und Schminke für mehrere 10.000 Euro im Jahr. Diese nutzt sie nicht privat, sondern ausschließlich für Shootings. Die gesamte beruflich genutzte Kleidung lagert Tanja getrennt von ihrer privaten Kleidung in einem separaten Raum und erfasst den Bestand genau. Im Rahmen der Steuererklärung bietet Tanja dem Finanzamt auch eine Ortsbesichtigung zur Überprüfung der räumlichen Trennung an.

Das Finanzamt erkennt ihre Ausgaben für Kleidung und Schminke als Betriebsausgabe an. Eine wichtige Rolle spielt hierbei, dass Tanja betrieblich eine derart große Menge an Kleidung kauft, dass sie diese privat nie tragen könnte. Ein weiterer Punkt: Passend zu den hohen Ausgaben erzielt Tanja auch hohe Einnahmen mit ihrer Tätigkeit. Ebenfalls sehr wichtig: Tanja dokumentiert sorgfältig die beruflich genutzte Kleidung und trennt sie auch räumlich von ihrer Privatkleidung. ◀

Der genannte Fall hatte viele Besonderheiten aufzuweisen: Der separate Raum, die hohen Kosten bzw. die Vielzahl der benötigten Kleidungsstücke und die hohen Einnahmen ergeben ein Gesamtbild, das den verantwortlichen Sachbearbeiter beim Finanzamt überzeugte. Hier spielt sicherlich auch die Vertretung durch einen Steuerberater eine Rolle, da so eine zusätzliche professionelle Instanz für die Legitimität des Anspruchs einsteht.

Aber Vorsicht! Hierzu gibt es noch keine Rechtsprechung oder Verwaltungsanweisung! Andere Finanzämter könnten daher bei derselben Ausgangslage verfügen, dass die Ausgaben für Tanjas Kleidung nicht als Betriebsausgabe angerechnet werden dürfen.

Es gibt aber noch zwei weitere Möglichkeiten, um Kosten für Kleidung als Betriebsausgabe ansetzen zu können, wenn diese im Rahmen der Influencer-Tätigkeit benötigt wird.

Erste Möglichkeit: Influencer können die Kosten für Kleidung als Betriebsausgabe abrechnen, wenn sie die Kleidung anschließend wieder verkaufen – etwa auf einem Flohmarkt, auf Ebay oder an ein Second-Hand-Geschäft. Die entsprechenden Einnahmen müssen Influencer zwar versteuern. Dafür dürfen sie jedoch die kompletten Anschaffungskosten als Betriebsausgabe ansetzen. Da gebrauchte Kleidung in der Regel weniger einbringt als der Marktwert, bleibt so eine negative Differenz übrig, die das Einkommen entsprechend verringert.

Wichtig dabei ist die genaue Erfassung der Einnahmen und Ausgaben – das kann je nach Menge der Kleidungsstücke einen erheblichen Zeitaufwand bedeuten! Bei einer freiberuflichen Tätigkeit kann der Verkauf außerdem den unangenehmen Nebeneffekt haben, dass dadurch die gesamte Tätigkeit als gewerbliche Tätigkeit umqualifiziert wird (vgl. hierzu Abschn. 3.1.2.5).

Deshalb sei hier noch eine zweite Möglichkeit erwähnt: Die Gründung einer Verleih-GmbH oder Verleih-UG für Kleidung! Verändern wir dazu das oben genannte Beispiel:

Beispiel: Kleidung als Betriebsausgabe durch Verleih-GmbH

Influencerin Tanja erzielt mit Werbeposts für Kleidungsfirmen gewerbliche Einkünfte, braucht zur Präsentation aber viele zusätzliche Kleidungsstücke, um Outfits zu komplettieren. Deshalb gründet sie eine Verleih-GmbH, über die sie ab sofort ihre Kleidung für ihre Shootings kauft und sofort als Ausgaben absetzen kann. Für die Influencer-Tätigkeit leiht sie sich dann die Kleidung für ihre Shootings von der Verleih-GmbH. Dafür stellt Tanjas Verleih-GmbH der Influencerin Tanja eine Rechnung aus.

Folge: Die Ausgaben für das Leihen der Kleidung kann Tanja für ihre Influencer-Tätigkeit als Betriebsausgabe ansetzen, muss aber gut begründen, dass diese nur im Rahmen der Shootings genutzt wird.

Auch in diesem Szenario muss Tanja darauf achten, dass sie alle beruflich genutzte Kleidung getrennt von ihrer privaten Kleidung in einem separaten Raum lagert und den Bestand genau erfasst. Selbstverständlich müssen die Kosten für den Verleih auch angemessen sein. ◀

Statt eine GmbH mit einem Startkapital von 25.000 Euro könnte in diesem Fall auch eine UG gegründet werden, bei der das Startkapital Schritt für Schritt aufgebaut wird (vgl. Abschn. 3.4.2). Allerdings muss sowohl für eine GmbH als auch für eine UG jährlich Buchhaltung, Jahresabschlüsse etc. erstellt werden, was normalerweise die Unterstützung durch einen Steuerberater erfordert und erhebliche zusätzliche Kosten mit sich bringt. Entsprechend groß muss die Menge an Kleidungskäufen pro Jahr ausfallen, damit diese Option sich tatsächlich lohnt.

Denkbar ist in einem solchen Fall auch, dass sich mehrere Influencer zusammentun und so über die Verleih-GmbH Kleidung gemeinsam nutzen, während sie die Anschaffungskosten über die Verleih-GmbH absetzen können.

4.2.12 Lizenzgebühren

Im Rahmen einer Influencer-Tätigkeit können Lizenzgebühren auf verschiedene Weise anfallen. Einige typische Beispiele:

- Verwendung von Musik, die in Videos oder Beiträgen verwendet wird (es sei denn, die Musik wurde vom Influencer selbst komponiert und eingespielt)
- Verwendung von Stock-Fotografien in Beiträgen, z. B. von Shutterstock
- Rundfunklizenz (wobei dies nur sehr wenige Influencer betreffen dürfte)

Solche Lizenzgebühren sind immer voll als Betriebsausgabe ansetzbar, wenn sie im Rahmen der Influencer-Tätigkeit anfallen.

4.2.13 Produkte, über die berichtet wird

Kosten für Produkte, über die berichtet wird, können selbstverständlich als Betriebsausgabe abgezogen werden. Hierzu zählen auch alle weiteren Kosten, die durch den Bericht in Form von Videos oder Fotos entstehen, beispielsweise für Dekoration.

Der Influencer muss jedoch nachweisen, dass der Kauf des Gegenstandes mit seiner geschäftlichen Tätigkeit zusammenhängt. Das kann sehr einfach bewiesen werden, wenn das jeweilige Produkt im Video auftaucht und für dieses entsprechend wichtig ist. Insofern sind veröffentlichte Videos und Fotos der beste Nachweis für das Finanzamt.

Beispiel: Produkte, deren Anschaffungskosten abgesetzt werden können

Food-Bloggerin Mona stellt auf ihrem Blog exotische Gerichte vor und illustriert diese mit Fotos. Um die Gerichte schön in Szene zu setzen, kauft sie häufig frische Blumen oder besondere Teller, die dann ebenfalls auf den Fotos erscheinen.

Mona kann sowohl die Kosten für exotische Zutaten als auch die Kosten für Blumen und Geschirr als Betriebsausgabe ansetzen. Dafür muss sie alle Belege sammeln und notieren, auf welchen Fotos die Gegenstände zu sehen sind. ◀

Kann also alles abgesetzt werden, was in Fotos und Videos zu sehen ist? Natürlich nicht! Hier ein Gegenbeispiel:

Beispiel: Produkte, deren Anschaffungskosten nicht abgesetzt werden können

YouTuber Joachim testet technische Geräte in seinem Wohnzimmer. Weil die leere Wand im Hintergrund stört, kauft er ein neues Regal, das ab sofort auf jedem seiner Videos im Hintergrund zu sehen ist.

Das Regal mag gut aussehen, hat aber keinen Bezug zum Thema von Joachims Videos. Außerdem sind hier private und berufliche Nutzung nicht klar getrennt. Deshalb kann er die Kosten nicht als Betriebsausgabe ansetzen. ◀

Übrigens gelten die in Abschn. 4.1 zusammengefassten allgemeinen Regelungen auch beim Kauf von Produkten, die lediglich für Fotos und Videos angeschafft werden. Das bedeutet: Produkte, die maximal 800 Euro ohne Umsatzsteuer kosten, können direkt in voller Höhe als Betriebsausgabe angesetzt werden. Alles, was darüber hinausgeht, muss über die voraussichtliche Nutzungsdauer abgeschrieben werden.

Produkte, die Influencer für ihren Bericht kostenlos zur Verfügung gestellt bekommen, müssen zunächst als Einnahme verbucht werden (vgl. Abschn. 2.4). Wird das Produkt dabei aus betrieblichem Anlass verbraucht oder unbrauchbar, können Kosten in gleicher Höhe als Betriebsausgabe angesetzt werden. Ansonsten müssen Influencer verwendete Produkte zuerst verkaufen: Dann können sie den Marktwert als Betriebsausgabe und den Verkaufspreis als Einnahme anrechnen. Solange sie geschenkte, funktionstüchtige Produkte jedoch behalten, gelten diese als Einnahme.

4.2.14 Reise- und Fahrtkosten

Manche Influencer sind im Rahmen ihrer Tätigkeit viel unterwegs. Grundsätzlich können Fahrt- und Reisekosten problemlos als Betriebsausgaben angesetzt werden. Wichtig dabei: Der Bezug zur Influencer-Tätigkeit muss nachvollziehbar sein. Fahrtkosten beziehen sich in diesem Fall auf Betriebsausgaben für zurückgelegte Strecken, während Reisekosten alle Ausgaben umfassen, die anfallen, wenn Influencer längere Zeit unterwegs sind.

4.2.14.1 Fahrtkosten

Fahrtkosten können immer abgesetzt werden, wenn belegt werden kann, dass die Fahrt betrieblich veranlasst war. Das betrifft den Weg zum Büro ebenso wie Fahrten zu Fotoshootings, Geschäftstreffen, etc.

Bei Fahrten mit der Bahn, Reisebus, öffentlichem Nahverkehr oder Flugzeug kann die tatsächliche Höhe der Kosten durch einen Beleg nachgewiesen und komplett abgesetzt werden.

Bei Fahrten mit dem privaten Auto werden pauschal 30 ct pro gefahrenen Kilometer angerechnet. Bei anderen motorbetriebenen Fahrzeugen wie Motorrad oder E-Bike liegt der Betrag bei 20 ct pro gefahrenem Kilometer. Für nicht motorbetriebene Fahrzeuge wie Fahrräder gibt es (leider) keine Möglichkeit eines Betriebsausgabenabzugs.

Beispiel: Kilometerpauschale

Influencerin Jenny fährt mit ihrem privaten Auto 20 km in eine nahegelegene Großstadt, um dort an mehreren Plätzen Fotos für ihre Influencer-Tätigkeit zu schießen.

Für Hin- und Rückfahrt kann Jenny 12 Euro (=40 km × 30 ct) als Betriebsausgabe ansetzen. ◀

Für Fahrten mit dem Firmenwagen gelten spezielle Regelungen (siehe Abschn. 4.2.8).

Ein weiterer Sonderfall betrifft Fahrtkosten zur Betriebsstätte, sprich: zu einem angemieteten Büro oder einem anderen Arbeitsplatz außerhalb der eigenen Wohnung. Hier sind Fahrtkosten nicht voll abziehbar. Vielmehr werden hier für jede Hin- und Rückfahrt 30 ct pro Kilometer Entfernung zwischen Wohnung und Betriebsstätte angerechnet, pauschal und unabhängig vom Fortbewegungsmittel: Im Gegensatz zu anderen betrieblichen Fahrten wird hier sozusagen nur die Hinfahrt als Betriebsausgabe angesetzt.

4.2.14.2 Reisekosten

Reisekosten umfassen alle Kosten, die Influencer aufwenden, wenn sie längere Zeit unterwegs sind. Dazu gehören neben den bereits erwähnten Fahrtkosten:

- Verpflegungsmehraufwand (siehe Abschn. 4.2.4.2)
- Übernachtungskosten
- Reisenebenkosten

Übernachtungskosten können in voller Höhe als Betriebsausgabe angesetzt werden. Das Gleiche gilt für Reisenebenkosten, sofern sie betrieblich veranlasst sind: Dazu gehören Parkgebühren, Taxi- und Mietwagenkosten, Reiserücktrittsversicherungen oder auch die Kosten für ein Visum.

Schwierig wird es bei Reisekosten, wenn auch eine private Mitveranlassung besteht. Hier gilt wieder die allgemeine Regelung bei gemischter Nutzung (vgl. Abschn. 4.1.4): Eine private Mitveranlassung unter 10 % wird als unerheblich angesehen, so dass in diesem Fall die gesamten Reisekosten als Betriebsausgabe abgezogen werden können.

Beispiel: Reisekosten teilweise absetzbar (kurzer Aufenthalt)

Influencerin Juliane fliegt nach Malaga in Spanien, um für einen namhaften Spirituosenhersteller schöne Fotos für mehrere Posts zu schießen. Nach zwei Tagen, in denen sie ausschließlich mit den Fotoshootings beschäftigt ist, verbringt Juliane noch einen Tag zur Erholung an der spanischen Küste und fliegt dann nach Hause. Die Kosten für Rückflug verändern sich durch die Verschiebung nicht.

Da die Reise zu 33 % privat veranlasst ist, kann Juliane die Flugkosten nur zu 67 % als Betriebsausgaben geltend machen. Alle anderen Kosten, die mit dem privaten Anteil der Reise zusammenhängen, können nicht abgezogen werden. ◄

Der betriebliche Anlass für eine Reise sollte durch Aufträge von Kooperationspartnern oder durch vor Ort erstellte Fotos und Videos bzw. durch Einladungen zu Konferenzen belegt werden können. Hier noch ein Beispiel für eine längere Reise:

Beispiel: Reisekosten teilweise absetzbar (langer Aufenthalt)

Modebloggerin Monique reist für eine Bekleidungsfirma nach Kolumbien, um dort Fotos in karibischer Atmosphäre zu schießen. Nach zehn Tagen voller Shootings reist sie noch weitere zehn Tage zur Entspannung durch das südamerikanische Land. Die Hotels während der Tage des Shootings in und um die Küstenstadt Santa Marta haben umgerechnet 300 Euro gekostet. Um abgelegene Fotoschauplätze zu erreichen, leiht sich Monique für umgerechnet 400 Euro ein Auto, das sie über die gesamte Reisedauer hinweg nutzt. Hin- und Rückflug kosten zusammen 1000 Euro.

Neben weiteren Kosten, die für den beruflichen Teil ihrer Reise anfallen, kann Monique 1000 Euro als Betriebsausgabe ansetzen. Die Rechnung: Weil 10 von 20 Tagen der Reise betrieblich veranlasst sind, kann Monique die Hälfte der Flugkosten (500 Euro) sowie die Hälfte der Kosten für den Mietwagen (200 Euro) als Betriebsausgabe ansetzen: Macht zusammen 700 Euro. Dazu kommen die Hotelkosten während des Shootings: Sie betragen 300 Euro und können komplett abgerechnet werden. ◀

Wenn die betriebliche Mitveranlassung einer Reise unter 10 % liegt, können gar keine Kosten der Reise als Betriebsausgabe angesetzt werden. Dies gilt zum Beispiel, wenn ein Influencer privat in den Urlaub fährt und nebenbei vereinzelt Posts oder Videos für die Influencer-Tätigkeit erstellt.

Wenn Reisen unentgeltlich von einem Kooperationspartner zur Verfügung gestellt werden, muss zunächst der gesamte Wert der Reise als Einnahme verbucht werden. Allerdings können diese Einnahmen als Ausgabe in gleicher Höhe verbucht werden, wenn über 90 % der Reise für die Influencer-Tätigkeit genutzt werden. Ansonsten wird nur der Anteil, zu dem die Reise tatsächlich für die Influencer-Tätigkeit genutzt wurde, aus den Reisekosten herausgerechnet und als Betriebsausgabe angegeben.

4.2.15 Software und Apps

Kosten für Software und Apps können problemlos als Betriebsausgabe abgezogen werden, solange sie etwas mit der Tätigkeit als Influencer zu tun haben. Das gilt auch für Abo-Kosten, falls die Nutzung von Software über einen monatlichen oder jährlichen Beitrag beglichen wird, wie das z. B. bei Photoshop und anderen Adobe-Programmen weit verbreitet ist.

Auch bei Softwareprogrammen gilt: Kosten bis 800 Euro ohne Umsatzsteuer zählen als geringwertiges Wirtschaftsgut und können direkt als Betriebsausgabe angesetzt werden. Bei Abo-Kosten gilt diese Grenze nicht, da es sich um Sofortaufwand handelt (vgl. hierzu Abschn. 4.1.1).

Liegt der Wert der gekauften Software über 800 Euro, muss der Betrag über mehrere Jahre abgeschrieben werden. Das Finanzministerium unterscheidet hierbei hinsichtlich der voraussichtlichen Nutzungsdauer zwei Arten von Software: Handelt es sich um Standardsoftware, die in dieser Form frei auf dem Markt verfügbar ist, so wird diese über einen Zeitraum von drei Jahren abgeschrieben.

Wird Software jedoch speziell für die Bedürfnisse des Influencers angepasst, so muss diese über fünf Jahre abgeschrieben werden.

4.2.16 Technische Ausrüstung

Wie bei allen geschäftlichen Anschaffungen muss auch bei der technischen Ausrüstung deutlich gemacht werden, dass diese gezielt für die Tätigkeit als Influencer benötigt wird. Die strenge und vom Finanzamt nachvollziehbare Trennung von privat genutzten Geräten ist wichtig, um Kosten tatsächlich vollständig absetzen zu können.

Wie in Kap. 4 genauer beschrieben, hängt es von der Höhe der Anschaffungskosten ab, ob technische Ausrüstung sofort und komplett als Betriebsausgabe angesetzt werden kann: Die Grenze liegt hier bei 800 Euro zzgl. Mehrwertsteuer. Bei mehr als 800 Euro muss der Betrag über mehrere Jahre abgeschrieben werden.

Der Zeitraum, über den Kosten abgeschrieben werden müssen, wird vom Finanzamt in den Afa-Tabellen festgelegt. Hier ein Auszug von Nutzungsdauern der wichtigsten Ausrüstungsgegenstände, die Influencer für ihre Tätigkeit benötigen:

- Beschallungsanlage (Lautsprecher für Outdoor): 9 Jahre
- Bildschirm: 3 Jahre
- Fernseher: 7 Jahre
- Geräte für Beleuchtungseffekte: 5 Jahre
- Laptop oder Stand-PC: 3 Jahre
- Lautsprecher: 7 Jahre
- Kamera oder Videokamera: 7 Jahre
- Kamerastative: 5 Jahre
- Drahtloses Mikrofon (also: ohne Kabel): 3 Jahre
- Mikrofon mit Kabel: 5 Jahre
- Multifunktionsdrucker: 3 Jahre
- Smartphone bzw. Handy: 5 Jahre
- Tablet: 3 Jahre

4.2.17 Telefon- und Internetkosten

Wie mit den Kosten für die Anschaffung eines Handys oder Laptops umgegangen werden muss, haben wir im Abschn. 4.2.16 geklärt. Wie steht es nun aber mit den Kosten für Handyvertrag und Internetanschluss?

Gerade bei Telefon- und Internetkosten ergibt sich wieder die Herausforderung, die private und betriebliche Nutzung klar voneinander zu trennen. Denn auch hier gilt, dass der Anteil der betrieblichen Nutzung dem Anteil entspricht, der als Betriebsausgabe angerechnet werden darf.

Üblicherweise erkennt das Finanzamt pauschal 20–30 % der Telefon- und Internetkosten als Betriebsausgabe an. Für einen höheren Abzug von Telefon- und Internetkosten gibt es dagegen hohe Hürden: Bei Telefonkosten wird ein Einzelverbindungsnachweis der Telefonate verlangt, auf dem explizit der Anteil der beruflich geführten Gespräche mit den Namen der jeweiligen Gesprächspartner sowie dem Anlass des Gesprächs aufgelistet werden muss.

Früher konnten Telefonkosten sehr hoch ausfallen. Heutzutage bedeutet der Nachweis einzelner Gespräche unserer Erfahrung nach viel zu viel Aufwand, um einen vergleichsweise geringen Kostenvorteil zu erzielen. Wir empfehlen Influencern deshalb, entweder ein separates Telefon ausschließlich für die geschäftliche Kommunikation zu nutzen oder sich mit der Pauschale von 20 % bis 30 % der Kosten zufriedenzugeben.

4.2.18 Versicherungen

Nur betrieblich veranlasste Versicherungen können als Betriebsausgabe abgezogen werden. Dies gilt zum Beispiel für eine betriebliche Kfz-Versicherung (vgl. Abschn. 4.2.8), aber auch für eine betriebliche Haftpflichtversicherung, Elektronikversicherungen für betrieblich genutzte technische Geräte oder eine Cyber-Versicherung, die Schäden durch Angriffe von Hackern und andere Formen der Cyber-Kriminalität absichert.

Persönliche Versicherungen wie Kranken- oder Pflegeversicherung können Influencer darüber hinaus als Sonderausgabe in der Steuererklärung angeben.

An dieser Stelle ein wichtiger Hinweis: Influencer können sozialversicherungstechnisch als Künstler eingeordnet werden und können sich dann über die Künstlersozialkasse (KSK) versichern. Das bringt den enormen Vorteil mit sich, dass rund die Hälfte der anfallenden Kosten für die gesetzlichen Renten-, Kranken- und Pflegeversicherung von der KSK übernommen werden. Bei Angestellten wird dieser Anteil vom Arbeitgeber gezahlt – ohne KSK muss ein hauptberuflich selbstständiger bzw. freiberuflich tätiger Influencer diesen Anteil selbst bezahlen!

Voraussetzungen, um in die Künstlersozialkasse aufgenommen zu werden, sind unter anderem:

- Erwerbsmäßige (= auf die Erzielung von Einnahmen ausgerichtete) und nicht nur vorübergehende Ausübung einer künstlerischen oder journalistischen Tätigkeit
- Einkommen aus künstlerischer/journalistischer Tätigkeit von mindestens 3900 Euro pro Jahr
- Zusätzliche Einkünfte aus nicht-künstlerischen Tätigkeiten dürfen 5400 Euro im Jahr nicht überschreiten

Sind Influencer über die Künstlersozialkasse versichert, so müssen deren Auftraggeber eine entsprechende Künstlersozialabgabe an die Künstlersozialkasse zahlen. Auf Rechnungen muss auf diese Pflicht hingewiesen werden.

Es würde hier zu weit führen, alle Fragen rund um die Künstlersozialkasse abschließend zu klären. Wichtig ist jedoch, dass es sich um eine Pflichtmitgliedschaft handelt: Wer entsprechend zugeordnet wird, der muss sich auch über die KSK versichern – unabhängig davon, ob man privat oder gesetzlich versichert ist. Wir empfehlen deshalb jedem Influencer, der seiner Tätigkeit hauptberuflich nachgeht, sich unter www.kuenstlersozialkasse.de zu informieren, ob eine Pflichtmitgliedschaft besteht.

4.2.19 Website

Bei Websites gibt es zwei Bereiche, die Kosten verursachen: Zum einen etwaige Kosten für die Domain, zum anderen Kosten für die Erstellung und die Pflege der Website.

4.2.19.1 Domain-Kosten

Der Name einer Domain kann enorm wichtig für den Erfolg sein. Verschiedene Anbieter reservieren sich deshalb vielversprechende Namen: Wer sie nutzen will, muss dafür teilweise hohe Beträge zahlen.

Kosten für den Erwerb einer Internet-Domain sind jedoch nicht als Betriebsausgabe ansetzbar. In der Steuerfachsprache bezeichnen wir eine Internetdomain als „nicht abnutzbarer immaterieller Vermögensgegenstand“. Und „nicht abnutzbar“ bedeutet in diesem Fall leider, dass auch keine Abschreibung hierfür anfallen kann.

4.2.19.2 Erstellung und Wartung der Homepage selbst

Kosten für die Erstellung einer Homepage oder deren regelmäßige Wartung können Influencer in voller Höhe als Betriebsausgabe ansetzen. Das Gleiche gilt für Hosting-Gebühren für die betrieblich genutzte Website. Auf Kosten für Softwar und Apps gehen wir in Abschn. 4.2.15 ein.

Literatur

Brunckhorst A, Sterzinger C (2018) Ertragsteuerliche Beurteilung von Bloggern, Podcastern und YouTubern. Deutsches Steuerrecht (DStR) 32:1689–1694

Happe R (2020) Betriebsausgaben – ABC. NWB-InfoCenter vom 16.01.2020

Hardenberg C (2020) GWG-Merkmale und GWG-Berechnung. Haufe. https://www.haufe.de/finance/buchfuehrung-kontierung/geringwertige-wirtschaftsgueter/merkmale-und-anschaffungskosten_186_93968.html. Zugegriffen am 31.03.2020

Homut R (2018) Einkünfte X.0: Blogger, Influencer, YouTuber & Co. – Steuerliche Aspekte des Social-Media-Bereichs. NWB, Herne, S 1891–1902

Langenkämper B (2019) Firmenwagen. NWB InfoCenter vom 07.12.2019

Nolte A (2019) Häusliches Arbeitszimmer, NWB-Grundlagen vom 18.12.2019

Schmidt A (2019) Doppelte Haushaltsführung. NWB-Grundlagen vom 09.03.2019

Schmidt A (2020) Ausbildungskosten/Studienkosten/Bildungsaufwendungen. NWB-Grundlagen vom 24.02.2020

5 Steuersoftware und Steuerberater

Zusammenfassung

Sollen Sie Ihre Steuererklärungen selbst erstellen, Steuersoftware nutzen oder lieber zum Steuerberater gehen? Wir geben hier Ratschläge für Influencer, welcher Weg unter welchen Umständen am sinnvollsten ist.

Geschafft! Jeder Influencer, der unser Buch bis hierher durchgelesen hat, bringt alle wichtigen Voraussetzungen mit, um all seine Einnahmen und Ausgaben korrekt zu versteuern! Bleibt eigentlich nur noch eine Frage: Wie komme ich nun am besten zu einer Steuererklärung, die auch inhaltlich richtig ist?

Grundsätzlich kostenfrei und für jeden verfügbar ist www.elster.de – über dieses Portal vom Finanzamt geht die elektronische Abgabe der Steuererklärung relativ problemlos. Neben den Formularen selbst gibt es hier auch Anleitungen, FAQs, ein Forum und Kontaktmöglichkeiten, die beim Ausfüllen helfen.

Das bringt jedoch einigen Aufwand mit sich und erfordert genaues Wissen, in welche Formularfelder die richtigen Einnahmen bzw. Ausgaben einzutragen sind. Beschäftigen wir uns deshalb hier noch mit zwei Möglichkeiten, diesen Aufwand zu reduzieren: zum einen Steuersoftware, zum anderen den Gang zum Steuerberater.

T. Siegel, F. Siegel, *Steuertipps für YouTuber, Blogger und Influencer*,
https://doi.org/10.1007/978-3-658-30502-4_5

5.1 Steuersoftware

Im Gegensatz zu Elster leitet professionelle Steuersoftware sehr viel benutzerfreundlicher mit Fragen und teils sogar Videos durch die Steuererklärung. Man muss sich jedoch klar machen, dass Steuersoftware für die breite Masse optimiert ist. Sie hilft gut weiter, wenn die eigene Tätigkeit keine Besonderheiten mit sich bringt. Das trifft auf Influencer allerdings häufig nicht zu.

Mithilfe der Informationen in diesem Buch dürften viele Fehler vermeidbar sein, die bei Nutzung von Steuersoftware vorkommen können. Somit kann Steuersoftware insbesondere für Influencer interessant sein, die noch am Anfang stehen und eine kostengünstige Alternative zum Steuerberater suchen.

Steuersoftware kostet pro Jahr ca. 20 bis 50 Euro. Wir wollen hier keine konkrete Empfehlung aussprechen, sondern einfach auflisten, welche Steuersoftware-Angebote für Selbstständige und Gewerbetreibende am weitesten verbreitetet sind:

- Tax 2020 Professional vom buhl Verlag (https://www.buhl.de/produkte/tax-professional)
- Taxman 2020 von Lexware (https://www.taxman.de/selbststaendige-und-gewerbetreibende.html)
- Steuersparerklärung 2020 von Wolters Kluwer (https://www.steuertipps.de/shop/software/steuer-spar-erklaerung-selbststaendige)
- Smartsteuer (https://www.smartsteuer.de/online/)

Eigentlich müssten Kosten für Steuersoftware in einen privaten Teil und einen betrieblichen Teil aufgeteilt werden. Der private Anteil umfasst dabei Angaben zu Sozialversicherungen, Kindern, Unterhalt und Altersvorsorge sowie allgemeine Angaben zur Person. Allerdings gibt es speziell für Steuersoftware eine Sonderregelung: Kosten bis 100 Euro dürfen komplett als Werbekosten abgesetzt werden. Das liegt deutlich über den üblichen Preisen.

Vorteile von Steuersoftware:

- für kleine Selbstständige und Gewerbetreibende kostengünstige Alternative zum Steuerberater
- komfortabler Leitfaden zu Steuererklärungsformularen

Nachteile:

- individuelle Besonderheiten fallen schnell unter den Tisch

- keine betriebswirtschaftliche Beratung, keine Gründungsberatung
- Steuerwissen wird vorausgesetzt
- für alle Unternehmensformen außer Einzelunternehmung und GbR eher ungeeignet

5.2 Steuerberater

Im Gegensatz zur Steuersoftware bietet ein Steuerberater den Komplett-Service: Im persönlichen Gespräch finden sie genau heraus, welche steuerlichen Themen für Influencer relevant sind und bieten individuelle Lösungsansätze an. Das Erstellen von Buchführungen und Jahresabschlüssen gehört neben Steuererklärungen zum Standardrepertoire von Steuerberatern. Darüber hinaus bieten sie oft auch eine umfängliche betriebswirtschaftliche Beratung oder Hilfe bei der Unternehmensgründung an.

Bei einem Steuerberater wird Vorwissen nicht unbedingt benötigt – Influencer geben schlicht alle Belege ab, der Steuerberater fragt dann ggf. nach. Die Rechnung fällt allerdings in der Regel niedriger aus, wenn Belege bereits sortiert sind und alle Angaben zu doppelter Haushaltsführung, häuslichem Arbeitszimmer etc. von Anfang an komplett vorliegen. Insofern hilft dieses Buch dabei, Beratungskosten zu sparen.

In einigen Fällen sind Steuerberater auf bestimmte Branchen spezialisiert. Gerade bei der recht neuartigen Tätigkeit als Influencer kann es sich daher lohnen, genau hinzuschauen, ob ein Steuerberater schon mit anderen Influencern Erfahrung gesammelt hat.

Steuerberater in der Nähe lassen sich einfach per Online Suche finden. Außerdem bieten die örtlich organisierten Vertretungen der Steuerberater, die Steuerberaterkammern, eine Suchfunktion. Viele finden ihren Steuerberater auch über Empfehlungen. Gerade hier können Tipps anderer Influencer eine große Hilfe sein.

Influencer können auch Steuerberater und Steuersoftware kombinieren, indem sie beispielsweise die Steuererklärung einmalig professionell von einem Steuerberater erstellen lassen. In den darauffolgenden Jahren kann diese Vorlage dann genutzt werden, um zusammen mit einer Steuersoftware oder sogar nur per Elster Steuererklärungen selbst zu erstellen. Voraussetzung dafür ist allerdings, dass sich bei der geschäftlichen Tätigkeit wenig ändert. Das trifft auf Influencer seltener zu als auf andere Freiberufler und Selbstständige.

Kosten für einen Steuerberater hängen stark vom Beratungsaufwand, der Höhe des Verdienstes sowie der Art der Steuererklärung ab. Eine genauere Einschätzung sollte vor der Beauftragung beim jeweiligen Steuerberater erfragt werden.

Vorteile:

- umfassende, individuelle Betrachtung des Einzelfalls
- betriebswirtschaftliche Beratung und Gründungsberatung
- minimaler eigener Aufwand
- kein Steuerwissen vorausgesetzt (hilft jedoch, Kosten für den Steuerberater zu reduzieren)
- in schwierig zu beurteilenden Fällen weniger Probleme mit dem Finanzamt
- etwaige Betriebsprüfung durch das Finanzamt kann ggf. beim Steuerberater stattfinden

Nachteile:

- höhere Kosten als bei Steuersoftware

Faustregel: Je vielfältiger und komplexer Tätigkeit, Einnahmen und Ausgaben bei einem Influencer ausfallen, desto wahrscheinlicher werden die Kosten für den Steuerberater schon allein durch die eingesparten Steuern ausgeglichen.

6 Drei Musterrechnungen mit Erläuterungen

Zusammenfassung

Hier finden Sie drei Musterrechnungen inklusive Erläuterungen, die aufzeigen, welche Angaben auf einer Rechnung enthalten sein müssen.

T. Siegel, F. Siegel, *Steuertipps für YouTuber, Blogger und Influencer*,
https://doi.org/10.1007/978-3-658-30502-4_6

1. Rechnung bei umsatzsteuerlicher Kleinunternehmerregelung

Mara Mustermann
(1) Influencerin
Onlineweg 5
10559 Berlin
Tel.: 0176/123 456 78
E-Mail: mmustermann@web.de

Mara Mustermann - Onlineweg 5 - 10559 Berlin

(1) Kooperationspartner GmbH
Hochstraße 3
10678 Berlin

(2) Datum: 30.01.2020
(3) Rechnungs-Nr.: 2020/01

Rechnung

(4)

Anzahl	Einheit	Bezeichnung	Einzelpreis	Gesamtpreis
3	Stück	Werbeposts auf Instagram	200,00€	600,00€
Gesamtbetrag:				**600,00€**

(5) Sofern nicht anders angegeben, entspricht das Liefer-/Leistungsdatum dem Rechnungsdatum.

(6) Gemäß § 19 Abs. 1 UStG wird keine Umsatzsteuer ausgewiesen.

(7) Bankverbindung:
Beispiel-Bank
BLZ: 123 456 789
IBAN: DE12 3456 7890 1234 5678 90

(8) Steuernummer: 12/345/678

Was muss unbedingt auf eine Rechnung bei Anwendung der umsatzsteuerlichen Kleinunternehmerregelung?

1. Die eigene Geschäftsadresse sowie die des Kunden.
2. Das Rechnungsdatum, an dem die Rechnung ausgestellt wurde.

3. Die Rechnungsnummer. Die Rechnungsnummer muss einzigartig sein und darf je nur einmal vergeben werden. Außerdem muss sie fortlaufend sein – trägt z. B. die erste Rechnung im Jahr 2020 die Nummer 2020/01, so muss die zweite Rechnung die Nummer 2020/02 aufweisen.
4. Umfang der Tätigkeit für den jeweiligen Kunden. Kann in Stückzahl für Posts, pauschal oder in geleisteten Stunden angegeben werden.
5. Das auf einen Monat genaue Lieferdatum der Dienstleistung. In diesem Beispiel wurden die Posts allesamt im Januar 2020 getätigt. Alternativ könnten in diesem Beispiel auch die Posts unter Angabe des genauen Postdatums einzeln aufgelistet werden, dann dürfte der Satz auch wegfallen.
6. Hinweis, warum Umsatzsteuer nicht auf der Rechnung angegeben wird.
7. Die Bankverbindung.
8. Die Steuernummer. Diese kann über elster.de oder über einen Steuerberater beim zuständigen Finanzamt beantragt werden.

Ein guter Leitfaden von der IHK München: https://www.ihk-muenchen.de/ihk/documents/Recht-Steuern/Steuerrecht/Neuer-Ordner/Ordnungsgem%C3%A4%C3%9Fe-Rechnung-(USt-)-neu.pdf

2. Rechnung bei Umsatzsteuerpflicht

Mara Mustermann
Influencerin
Onlineweg 5
10559 Berlin
Tel.: 0176/123 456 78
E-Mail: mmustermann@web.de

Mara Mustermann - Onlineweg 5 - 10559 Berlin

Kooperationspartner GmbH
Hochstraße 3
10678 Berlin

Datum: 30.01.2020
Rechnungs-Nr.: 2020/01

Rechnung

Anzahl	Einheit	Bezeichnung	Einzelpreis	Gesamtpreis
3	Stück	Werbeposts auf Instagram	200,00€	600,00€
Gesamtbetrag (netto)				**600,00€**
19% Umsatzsteuer				**114,00€**
Gesamtbetrag (brutto)				**714,00€**

Sofern nicht anders angegeben, entspricht das Liefer-/Leistungsdatum dem Rechnungsdatum.

Bankverbindung:
Beispiel-Bank
BLZ: 123 456 789
IBAN: DE12 3456 7890 1234 5678 90

USt-Id-Nr.: DE 123456789

Was muss unbedingt auf eine Rechnung bei Umsatzsteuerpflicht?

1. Der eigene vollständige Name, die Geschäftsadresse sowie Name und Geschäftsadresse des Kunden.
2. Das Rechnungsdatum, an dem die Rechnung ausgestellt wurde.
3. Die Rechnungsnummer. Die Rechnungsnummer muss einzigartig sein und darf je nur einmal vergeben werden. Außerdem muss sie fortlaufend sein – trägt

z. B. die erste Rechnung im Jahr 2020 die Nummer 2020/01, so muss die zweite Rechnung die Nummer 2020/02 aufweisen.
4. Umfang der Tätigkeit für den jeweiligen Kunden. Kann in Stückzahl für Posts, pauschal oder in geleisteten Stunden angegeben werden.
5. Vom Kunden zu zahlender Gesamtbetrag, aufgeschlüsselt in Gesamtbetrag Netto (also ohne Umsatzsteuer), zu zahlende Umsatzsteuer und den Gesamtbetrag Brutto (also mit Umsatzsteuer).
6. Das auf einen Monat genaue Lieferdatum der Dienstleistung. In diesem Beispiel wurden die Posts allesamt im Januar 2020 getätigt. Alternativ könnten Sie in diesem Beispiel auch die Posts unter Angabe des genauen Postdatums einzeln auflisten, dann dürfte der Satz auch wegfallen.
7. Die Bankverbindung.
8. Die Umsatzsteuer-ID oder alternativ die Steuernummer.

Ein guter Leitfaden von der IHK München: https://www.ihk-muenchen.de/ihk/documents/Recht-Steuern/Steuerrecht/Neuer-Ordner/Ordnungsgem%C3%A4%C3%9Fe-Rechnung-(USt-)-neu.pdf

3. Vorlage einer Rechnung bei Leistungen ins EU-Ausland

Mara Mustermann
1 Influencer
Onlineweg 5
10559 Berlin
Germany
Tel.: 0176/123 456 78
E-Mail: mmustermann@web.de

Mara Mustermann - Onlineweg 5 - 10559 Berlin

1 Business Partner BV
Amselstraat 53
1015 AB Amsterdam
Netherlands

2 Date of invoice: 30.01.2020

3 Number of invoice: 2020/01

4 Performance date: 28.01.2020

Invoice

5

Quantity	Unit	Item description	Unit price	Sub-total
3	Piece	Posts on Instagram	200,00€	600,00€
Invoice Amount:				**600,00€**

6 The recipient of the service owes the Value Added Tax pursuant to § 13b UStG /
Art. 226 No. 11a EU Council Directive on the common system of VAT (Reverse Charge).

7 Payment details:
Beispiel-Bank
BLZ: 123 456 789
IBAN: DE12 3456 7890 1234 5678 90

8 EU VAT number: DE123456789

Was muss unbedingt auf eine Rechnung bei einer Leistung ins EU-Ausland?

Grundsätzlich gilt: Falls die Rechnung nicht gerade nach Österreich geht, sollte die Rechnung auf Englisch verfasst sein!

1. Der eigene vollständige Name, die Geschäftsadresse sowie Name und Geschäftsadresse des Kunden.
2. Das Rechnungsdatum, an dem die Rechnung ausgestellt wurde.
3. Die Rechnungsnummer. Die Rechnungsnummer muss einzigartig sein und darf je nur einmal vergeben werden. Außerdem muss sie fortlaufend sein – trägt z. B. die erste Rechnung im Jahr 2020 die Nummer 2020/01, so muss die zweite Rechnung die Nummer 2020/02 aufweisen.
4. Das tagesgenaue Lieferdatum der Dienstleistung. In diesem Beispiel wurden die Posts allesamt am 28. Januar 2020 erstellt. Alternativ könnten in diesem Beispiel auch die Posts unter Angabe des genauen Postdatums einzeln aufgelistet werden.
5. Umfang der Tätigkeit für den jeweiligen Kunden. Kann in Stückzahl für Posts, pauschal oder in geleisteten Stunden angegeben werden.
6. Hinweis auf Umsatzsteuerschuld des Leistungsempfängers. Wichtig: Auf Rechnungen an Unternehmer im EU-Ausland wird nie eine Umsatzsteuer ausgewiesen! Wer sie unnötigerweise trotzdem angibt, muss die Umsatzsteuer auch abführen.
7. Die Bankverbindung.
8. Die Umsatzsteuer-ID – fängt bei Wohnsitz/Betriebsstätte in Deutschland immer mit „DE“ an.

Printed in Poland
by Amazon Fulfillment
Poland Sp. z o.o., Wrocław

72348009R00074